SONO FORTE COME UN LEONE!

CREALIBRI è un marchio EDICART Style
Via Jucker, 28 - Legnano (MI) - Italia
Titolo originale: *Roar Like a Lion*

Design e direzione artistica di *Sarah Darby*
Design di copertina di *Sarah Darby* (studiolo.co.uk)
Traduzione dall'inglese di *Beatrice Mereghetti*

CARLIE SOROSIAK

SONO FORTE COME UN LEONE!

GLI ANIMALI DI INSEGNANO A ESSERE LA MIGLIORE VERSIONE DI **TE STESSO**

ILLUSTRAZIONI DI
Katie Walker

CREALIBRI

'A JAGO, UN BRAVO UMANO.'

CARLIE SOROSIAK

'A PENNY, ALLA FAMIGLIA WALKER E A JAKE.'

KATIE WALKER

INDICE

Segui le IMPRONTE

Da piccola, ho sempre invidiato i personaggi delle favole. Avevano la fortuna di sentire le parole astute dei lupi, le chiacchiere sommesse delle rane, le argute spiritosaggini degli asini. Ero fermamente convinta che se gli animali avessero davvero potuto parlare, avrebbero avuto tante cose da dire. Lo credo ancora; con la sola differenza che ora so che *ci parlano già*. Il coraggioso riccio, il resiliente panda, quell'ottimista del caribù... ogni animale esibisce le sue doti e i suoi insegnamenti

Questo libro ti spiega come ascoltarli.

E soprattutto *perché*.

PERCHÉ, A VOLTE, ESSERE UMANI È VERAMENTE DIFFICILE.

Se stai leggendo questo libro, probabilmente tu sei un umano (i vombati e le talpe, per esempio, non sanno leggere; o almeno, se sì, lo nascondono egregiamente!). Quindi, diamo per assodato che tu sia una persona e che ti preoccupi molto:

noi umani ne siamo veri esperti. Ci chiediamo costantemente che cosa pensino gli altri di noi. Ci diciamo che non siamo abbastanza bravi, che gli altri umani sono molto migliori di noi. E questo ci fa sentire come se avessimo nella pancia uno scoiattolo che schizza da una parte all'altra.

Con un po' di fortuna, gli animali di questo libro ti aiuteranno a capire che:

SEI ECCEZIONALE.

Sei capace.

E non devi pretendere così tanto da te.

Qui troverai i consigli delle creature più sagge della Terra. I cani, che vivono nel presente. Le orche, che vanno avanti a nuotare, nonostante le difficoltà. I pinguini, che non si curano di quel che pensano i loro simili o i guardiani degli zoo. Ogni animale ti farà vedere come dà il meglio di sé e farà da modello anche per te, se ti andrà di imitarlo. ***Accetta la tua diversità***, **dice l'ornitorinco**. ***Usa gli aculei, ma senza esagerare***, **dice il riccio.**

Magari non è tuo solito imparare da uno scimpanzé. Magari, dopo una giornata pesante, non ti rifugi tra i piccioni. Ma in realtà, gli animali sono guide uniche.

Ti spiego perché.

Noi non siamo poi così diversi dai nostri amici animali.

Noi umani, per molti versi, siamo una specie unica nel suo genere. Per esempio, ci piace la televisione; e non vedrai mai un delfino in felpa e pantaloni. Eppure, sotto molti punti di vista, siamo abbastanza simili agli abitanti di oceani e foreste. In fondo, anche noi facciamo parte del regno animale! Sogniamo come i gatti, soffriamo come le balene, ci affezioniamo come i barbagianni. Ognuno di noi serba aspettative e speranze e paure. Forse, leggendo questo libro, inizierai ad ascoltare l'animale che è dentro di te. Più lo ascoltiamo, più lui si farà sentire.

Gli animali sono bravissimi a essere se stessi.

Tutte le specie in questo libro esistono da migliaia e migliaia di anni. Hanno attraversato giorni di luce e giorni di buio. Hanno affrontato tempeste... e hanno resistito. Se anche ora continuano a camminare, trottare o volare sulla Terra, è per un motivo semplice: hanno una capacità eccezionale di sopravvivere rimanendo se stesse.

Infine, una zebra non ti giudica.

E neanche una raganella. O un koala. O un capibara. Gli animali non criticano. L'ape ti farà vedere come esalta l'individualità. Il corvo ti racconterà gracchiando della sicurezza di sé. Ogni animale in questo libro ti darà consiglio affinché tu diventi la versione più buona, coraggiosa, felice, migliore di te.

Segui le impronte, le tracce delle pinne sulla sabbia.

Ti stanno aspettando.

CAPITOLO 1

SII SEMPRE TE STESSO

ESALTA CIÒ CHE TI RENDE TE STESSO!

Tu sei una MERAVIGLIA rara.

Sì. Davvero.

Nessun altro al mondo, in tutto il regno animale, ha il tuo stesso mix di intelligenza, creatività e *carattere*. Vale la pena esaltarlo.

SEI UNA CREATURA UNICA!!

Come te ci sei solo tu!!

Ma allora... perché non lo gridiamo ai quattro venti? Perché essere se stessi è così incredibilmente impegnativo?

Be', siamo esseri umani, e in quanto tali non sempre *crediamo* di essere speciali. Non sempre andiamo in cerca di ciò che ci rende felici. E spesso ci convinciamo che, per integrarci, dobbiamo evitare ogni differenza: dobbiamo parlare, comportarci, *pensare* in un certo modo.

Che sciocchezza, vero?

Come dire a un falco di essere un piccione.

O a una mucca di comportarsi da cavallo.

Quando, invece di essere noi stessi, imitiamo gli altri, stiamo male. Male veramente. Le ricerche dimostrano che l'autenticità – cioè mostrarci per quel che siamo davvero – è la chiave della felicità.

Qui gli animali possono venirci in aiuto.

Loro si mostrano *sempre* per quel che sono.

In questo capitolo, incontrerai tante creature diverse che ti daranno consiglio su come accettare la tua creatività, le tue stranezze, il tuo modo unico di vedere il mondo. E forse ti convinceranno ad amare la tua individualità.

PERÒ ATTENTO ALLE LONTRE DI FIUME. MORDONO!

Solo uno tra **TANTI**

Ma se di te ce n'è uno solo, come mai certe volte ti sembra di confonderti tra la folla? Un po' come i piccioni al parco: una marea grigia, quasi non se ne distingue uno dall'altro. Li hai mai guardati pensando: *Ma io sono proprio come loro! No, non ho le penne, però sono solo una persona in un grande stormo di umani: è impossibile che mi notino*. Magari hai perfino detto: *Io non ho niente di speciale.*

Ecco, ora un piccione ti si avvicina tutto barcollante, tubando forte. È perché vorrebbe gridarti: *Umano, ti sbagli!* Anche se immaginiamo che in fondo i piccioni siano tutti uguali, in realtà **CIASCUNO È UN INDIVIDUO STRAORDINARIO.**

UN PENNUTO CORAGGIOSO

Durante la Prima Guerra Mondiale, una femmina di piccione di nome Cher Ami recapitò un messaggio che salvò la vita a duecento soldati. Il nemico aveva circondato un battaglione francese, e la situazione era difficilissima. Agli umani era rimasta una sola speranza: un uccello dalle lucide penne d'argento, Cher Ami. Legato a una zampa aveva un biglietto destinato alle truppe alleate che diceva: 'SIAMO QUI, CI HANNO INTRAPPOLATO!' Durante il suo viaggio, Cher Ami subì diverse ferite, ma grazie al suo formidabile senso dell'orientamento e a un coraggio senza pari riuscì a portare a termine la missione. Gli Alleati lessero la richiesta d'aiuto e si precipitarono in soccorso del battaglione.

CRITICI D'ARTE

In un esperimento giapponese, a ogni piccione è stato chiesto: *Questo quadro è di Picasso o di Monet?* Gli uccelli avevano imparato a distinguerli! Inoltre, i ricercatori avevano mostrato i disegni di una scuola elementare ad altri piccioni, chiedendo loro di indicare *i più 'belli'*. Hanno visto che c'era il doppio delle probabilità che i pennuti, svegli com'erano, scegliessero quelli in cui era più evidente l'attenzione alla texture, alla composizione e al dettaglio. Avresti mai detto che uno dei piccioni al parco fosse capace di tanto?

DOTTOR PICCIONE

In California, alcuni piccioni hanno dimostrato ai ricercatori che, almeno in un ambito, *potrebbero fare il lavoro dei dottori!* Messi di fronte alle immagini di due tumori, uno maligno e uno benigno, sanno dire: *Questo è quello cattivo. Ora mi date il bocconcino?*

Insomma, gli altri si fanno tante idee su di noi: su quello che sappiamo o non sappiamo fare, su come siamo o come dovremmo essere. Spesso le loro impressioni c'entrano pochissimo con le nostre vere capacità; anzi, ci dicono molto delle persone che ci giudicano. Per cui, la prossima volta che vedrai uno stormo di piccioni, ricorda che ciascuno di loro ha la sua storia.

OGNUNO HA UNA STORIA. TU NON SEI SOLO PARTE DELLO STORMO: SEI MOLTO DI PIÙ.

Accetta la tua **DIVERSITÀ**

A volte nel mondo capita di sentirsi un po' come un pesce fuor d'acqua. Magari ti sembra di essere un po' strano, bizzarro... *fuori posto*. In questi momenti, prova a osservare l'**ORNITORINCO**.

QUAL È LA PRIMA COSA CHE NOTI DI QUESTO ANIMALE?

O forse il grosso **sperone velenoso** sulle zampe posteriori?

Il becco d'**anatra?**

Le zampe palmate come quelle di una **rana?**

Nel Settecento, alcuni esploratori dall'Europa misero piede sull'isola della Tasmania. Quando scoprirono l'ornitorinco, che si muoveva goffo sugli argini dei fiumi, lo dichiararono 'strano': era talmente bizzarro che non riuscivano a credere che fosse vero. 'Non esiste un mammifero che depone le uova come un uccello!', dicevano.

Eppure l'ornitorinco esiste, praticamente immutato, fin dai tempi dei dinosauri. Di sopravvivenza se ne intende. Chi può dire che non stesse osservando quegli umani (con i loro nasi a punta e le lingue corte) chiedendosi: 'Come credono di sopravvivere con *quelli*?'

Noi umani abbiamo la pessima abitudine di etichettare una cosa come 'strana' quando non la comprendiamo. Magari nella tua famiglia si parlano più lingue. Magari ti vesti con stoffe di colori sgargianti. Magari la tua religione è diversa da quella di tanti tuoi amici. Qualcuno potrebbe scoprire queste cose e dire: 'Ah, che strano'.

MA SONO PROPRIO LE DIFFERENZE A PLASMARCI, A RENDERCI COSÌ
ECCEZIONALI
COME SIAMO.

Questo di certo vale per l'ornitorinco. Per esempio, quelle 'strane' zampe palmate? Gli permettono di scivolare rapido nei freddi fiumi della Tasmania. Lo sperone velenoso? Dice forte e chiaro agli intrusi:

INDIETRO!

E quel 'bizzarro' becco serve a captare le onde elettromagnetiche delle prede; questo mammifero intelligente può letteralmente cacciare a occhi chiusi..

A volte, essere un individuo significa guardare, pensare e comportarsi diversamente dagli altri. Ed è una cosa *bella*. Gli ornitorinchi si accettano per come sono perché è così che sono riusciti a vivere al meglio per 120 milioni di anni. **SE UN ORNITORINCO SA ACCETTARSI COSÌ COM'È,** con gli speroni velenosi, le zampe da rana e tutto il resto...

ALLORA PUOI FARLO ANCHE TU.

Hai il diritto di fare
A MODO TUO

Se gli animali hanno tante forme e dimensioni, lo stesso vale per le differenze. Possiamo essere diversi dagli altri per l'aspetto, come l'ornitorinco dal becco d'anatra; oppure per un comportamento solo nostro, che ci contraddistingue dagli amici, dai compagni di classe o anche dai famigliari. Magari ti piace ballare in camera tua, in solitaria. Oppure inventare ricette in cucina. O cantare in pubblico, spontaneamente, senza curarti di chi ascolta.

VA BENISSIMO COSÌ.
ANZI, È MERAVIGLIOSO!

Questi animali ti faranno capire perché.

Sembrano tenere e dolci, ma non farti ingannare. Con le loro mandibole potenti e i denti affilati, le lontre di mare e le loro cugine di fiume danno morsi poderosi. Ma la loro arma segreta non è quella, bensì **LA CAPACITÀ DI EVOLVERE GRAZIE A IDEE GENIALI E SEMPRE NUOVE,** idee che solo loro saprebbero realizzare.

ZATTERE DI LONTRE

In natura, quando dormono, spesso le lontre si tengono 'per mano'. In questo modo, al risveglio saranno ancora insieme, e nessuna sarà finita lontano, tutta sola, alla deriva in mezzo al mare.

FASCE DI ALGHE

I piccoli di lontra hanno una pelliccia più densa di quella di qualsiasi altro animale sul pianeta: è mille volte più fitta dei capelli che hai in testa (immagina di doverla pettinare tutti i giorni!). Questo pelo è pensato per far galleggiare le giovani lontre come loro, che non sono ancora esperte nuotatrici. Il problema è che, mentre la mamma è a caccia, i piccoli rischiano di essere portati via dalla corrente. Niente paura! Ci pensa lei ad avvolgere ogni cucciolo nelle alghe, come un burrito. Così potrà stare a galla, ben ancorato al fondale, bello comodo, contento e composto.

UTENSILI DI PIETRA

CRACK! TOCK! È il rumore di una lontra che spacca il guscio di un mollusco per gustarsi una bella colazione salata. Prima appoggia il guscio sul petto, poi lo colpisce con un sasso: *uno, due, aperto!* Neanche i delfini, che sono super intelligenti, creano utensili di pietra! La lontra è l'*unico* mammifero marino a saperlo fare. Quando trova un sasso e vi si affeziona, se lo mette in tasca. Eh, sì! Le lontre hanno le tasche! Piccoli lembi sotto le ascelle dove custodire oggetti e spuntini.

Le lontre non sono gli unici animali a fare tutto a modo loro

Ecco a voi i **PANDA DELLA SPAZZATURA!**

Sì, esatto. ‘Panda della spazzatura’. Questo, su internet, è il soprannome dei procioni: creature pelose mascherate che di notte rovistano nei bidoni degli americani in cerca delle ultime prelibatezze.

Un bagel vecchio di una settimana? *Gnam!* Frutta spiaccicata sul fondo del bidone? *Esiste niente di meglio?* Oltre che per i furti, sono famosi per la loro curiosità. Amano i rompicapi. Adorano trovare soluzioni: al misterioso meccanismo per aprire un frigorifero, un barattolo, un Tupperware. Non tutti gli animali hanno il desiderio di sperimentare con gli oggetti come loro. È raro che gli adulti di una specie si divertano tanto a esplorare tutto, dalle cucine ai campeggi. Eppure, ogni procione ha una voglia incredibile di scoprire, e con le sue zampette curiose domanda all’ambiente: ***Questo a che cosa serve? E quest’altro?*** Con ogni movimento, ogni sguardo indagatore, i procioni ci parlano di sé.

E infine, ecco Sphen e Magic.

Non sono adorabili? Questi due pinguini Papua maschi vivono al Sea Life Sydney Aquarium e hanno conquistato il cuore degli australiani decidendo di crescere insieme un piccolo, anche se tra i pinguini le coppie dello stesso sesso non sono molto diffuse. Lo staff dell'acquario ha dato loro un uovo finto ('posticcio'); i due lo hanno covato nel nido a turno. Tali sono state la premura e l'attenzione dei pinguini che i guardiani hanno addirittura procurato loro un uovo vero di cui prendersi cura. Semplicemente tenendo fede alle proprie emozioni, Sphen e Magic hanno dimostrato che, anche se gli altri hanno aspettative diverse, **NOI POSSIAMO PERCORRERE (ANCHE A NUOTO!) LA NOSTRA STRADA.**

Ora facciamo il punto. Nel regno animale, va benissimo comportarsi in modo diverso dagli altri. Le lontre hanno inventato molte tecniche di sopravvivenza sperimentando cose nuove. I procioni non si procaccerebbero tutti quei deliziosi spuntini se non fossero così curiosi. Sphen e Magic hanno costruito un legame perché hanno ascoltato il loro cuore, senza curarsi dell'opinione degli altri pinguini o dei guardiani dello zoo.

INCURIOSISCITI
PROVA COSE NUOVE
SII SEMPRE TU!

Se temi che il tuo modo di fare non sia proprio come quello di tutti gli altri, pensa a questi animali: sono originali, tutti diversi e stanno più che bene con se stessi.

Trova le cose che ti rendono **FELICE**

Ora, tu sei unico e irripetibile – il tuo aspetto, il tuo modo di pensare e il tuo comportamento sono tuoi e basta. Ma non hai mai la sensazione di doverti fare piacere quello che piace agli altri? Negli scorsi mesi, **TI SEI MAI CHIESTO CHE COSA TI RENDE FELICE?** Sinceramente, Semplicemente Felice?

TI PRESENTO CONGO.

Negli anni Cinquanta era un artista – ora lo vedremo all'opera.

Guarda con quanta attenzione sceglie i colori: **GIALLO**, poi **VERDE**, poi **ROSSO**. Osserva come passa il pennello sulla carta bianca e pulita. *Mmm, che cosa manca?* Più colore. Più giallo, più rosso. È concentratissimo. Un attimo dopo, Congo fa un passo indietro, ammira la sua creazione e poi chiede una nuova tela. Per lui, questo non è 'lavoro', ma l'espressione della sua creatività.

Avrai sentito dire che gli scimpanzé sono incredibilmente intelligenti: sanno usare utensili, formano gruppi sociali complessi e riescono a comunicare con il linguaggio dei segni umano. Ma Congo rimarcherebbe il fatto che gli scimpanzé sono individui. Tu hai una personalità unica, giusto? Ecco, anche ogni scimpanzé. Alcuni sono timidi. Altri più espansivi. E altri ancora creano opere d'arte che venderanno all'asta a Londra per dodicimila sterline!

SOLO CONGO SAPEVA DIPINGERE COME CONGO. È stato questo, cioè i suoi motivi astratti e la sua bravura, a renderlo così famoso. Perfino artisti leggendari come Pablo Picasso e Joan Miró ammiravano le sue opere... e tantissime persone ammiravano Congo in quanto individuo. È inevitabile, no? Nei suoi 400 dipinti ha toccato un concetto profondo, importante: la pura gioia di esaltare la creatività, le idee straordinarie che ti vorticano per la testa.

NESSUNO HA MAI DETTO A CONGO CHE COSA DIPINGERE.

NESSUNO GLI HA MAI DETTO: USA QUESTI COLORI E QUESTI MOTIVI.

E poi, se l'avessero fatto, lui non avrebbe ascoltato, oppure avrebbe risposto: *Va' via, sto mettendo a nudo la mia anima.* Dipingeva perché amava farlo. Non pensava: *Devo imitare questo artista umano, anzi, quest'altro*. Quei magnifici motivi? Erano tutti suoi. Le sue idee, il suo genio creativo, il suo cuore.

Aveva trovato quella cosa che lo rendeva **veramente felice.**

CHE COSA FA FELICI GLI ANIMALI?

Alle lontre piace la giocoleria! Non immaginate neanche lontra-namente quanto sono adorabili. Si lanciano i sassi da una zampa all'altra, a ripetizione. Non fanno proprio come i giocolieri (d'altra parte, non sono pagliacci!), ma l'esercizio ha un perché. All'inizio, gli scienziati credevano che questi mustelidi lanciassero i sassi per allenare la coordinazione. E in parte può essere vero. Ma una delle teorie più recenti è che... si divertono!

I coccodrilli hanno un lato morbido. Come tanti di noi, adorano farsi portare in spalla, si divertono a inseguire i palloni gonfiabili in acqua, facendoli scoppiare con i denti (oooh, tu non fai esplodere i palloni da spiaggia a morsi? Allora sarà una cosa dei coccodrilli!). E poi, amano tenere i fiori tra i denti... e fare le bolle nel fiume.

A parità di peso, sai chi è più feroce di un coccodrillo? Un gatto di casa! Hai visto che artigli aguzzi? Li affila sui mobili, sulle travi di legno, su qualsiasi superficie ruvida a disposizione. Ovviamente, si tratta di una tecnica di sopravvivenza (artigli appuntiti sono l'ideale per catturare le prede), ma anche di un vizio piacevole. Senti quante fusa fanno Boots e Mittens mentre attaccano il divano.

Anche il salmone del Pacifico – esatto, il salmone – sa divertirsi. Quei salti aggraziati? I ricercatori dicono: 'Sì, in parte li fanno per gioco'. Forse a questi pesci argentei piace tuffarsi, dimenare il corpo lucente sotto il sole. Se potessero parlare, mi sa che griderebbero: **'Uiii!'**

Allora, che cosa ti rende immensamente felice? Scommetto che è qualcosa che viene dal profondo del tuo essere, come ballare o scrivere o cantare. Scommetto che è qualcosa che nessuno ti ha obbligato ad apprezzare. Ti piace perché quella voce – l'animale dentro di te – dice: *Sì, sì, così mi diverto.*

AGGRAPPATI.
AGGRAPPATI A QUESTA SENSAZIONE CON TUTTE LE FORZE.

È anche questo che ti rende speciale, che ti rende te.

Non devi essere **PER FORZZZA** una cosa sola.

Una volta accettato il fatto che non sei solo parte dello stormo, ma un individuo che può cercare ciò che ama, ecco sorgere un'altra preoccupazione. *E se finissi per ricoprire un ruolo? Ho detto che mi piace il calcio! Quindi d'ora in poi sono 'quello sportivo'?*

A scuola, sono gli altri a etichettarti o sei tu a farlo? Sei 'quello che legge'? 'Quello che chiacchiera'? 'Quello che si mette sempre nei pasticci'?

Niente paura: **NESSUNO È SOLO UNA COSA.**

NEMMENO UN'APE

All'inizio ti sembrerà strano; ma, in fondo, in un alveare c'è una sinfonia di ronzii e movimenti e suoni, e ogni ape ha la sua parte. Sai che cos'è un'ape operaia? Un fuco? Una bottinatrice? Sono i ruoli all'interno dell'alveare. E la gente di solito vede solo l'etichetta, solo una cosa.

Ma negli ultimi anni è diventato sempre più evidente che le api hanno tratti e comportamenti che vanno al di là della loro funzione nell'alveare. Alcune sono ottimiste. Altre pessimiste. C'è chi tende ad arrabbiarsi, chi a perdonare.

E POI C'È LA DANZA DELL'ADDOME.

Lo so, lo so. Sembra il balletto imbarazzante che farebbe tuo zio alla grigliata di famiglia, ma in realtà è una caratteristica unica delle api. Quando un'ape bottinatrice esce dall'alveare, va in cerca di polline e nettare, cioè di cibo. Evviva, ne ha trovato un po'! Tornando, l'ape si esibisce in un'intricata danza matematica – volteggiando secondo uno schema ben preciso – che illustra la distanza e la direzione della fonte di cibo. Se volessi disegnarla, formerebbe più o meno il contorno di una mela.

Un'ape alla volta,
una sola, si esibisce
di fronte a tutte le altre.
Guida le altre.

Naturalmente, api diverse eseguono la danza a turno (non sempre la stessa: sarebbe una faticaccia!), ma questo ti dimostra che non sarai sempre sotto i riflettori. Però, arriverà sicuramente il momento in cui i tuoi talenti – la tua saggezza, il tuo senso dell'umorismo e le tue doti – saranno indispensabili. Gli alveari hanno bisogno dell'individualità, proprio come ogni gruppo sociale.

ESSERE TUTTO CIÒ CHE SEI HA UN POTERE IMMENSO.

RICORDA
CHE LA NATURA FUNZIONA AL MEGLIO GRAZIE ALLA
DIVERSITÀ.

Le foreste crescono rigogliose se c'è varietà di alberi.
Gli oceani prosperano se ospitano un miscuglio di pesci.

Il mondo ha bisogno della tua individualità.

Ha bisogno che tu provi orgoglio per la persona che sei.

CAPITOLO 2

RUGGISCI CON ORGOGLIO

TROVA LA TUA AUTOSTIMA

Il mondo degli umani sa essere **molto spaventoso**. A volte, quando entri in una stanza piena di sconosciuti, o anche di amici, il cuore inizia a martellarti. Le mani a sudare. Quando sei sull'orlo del trampolino più alto di una piscina, o appoggi le mani sui tasti di un pianoforte prima di suonare un pezzo difficile, un pensiero potrebbe balenarti per la mente come uno scoiattolo frenetico:

Anche gli animali ogni tanto pensano 'Oh mamma'. Sanno bene che la paura... fa paura! (Esiste una spiegazione biologica: la paura ci dice quando dovremmo pensarci due volte, fare un passo indietro, preoccuparci.) Quindi, come la affrontiamo? Come troviamo la sicurezza per tuffarci in piscina o suonare quelle note?

Grazie per averlo chiesto!

Perché i prossimi animali stanno dicendo:

ORA TI MOTIVIAMO NOI!

Dal polpo fino al castoro: queste creature hanno tanto da insegnarci, anche perché ci assomigliamo parecchio. Va bene, va bene, qualche differenza tra te e un cervo c'è (il pelo! Le corna!). E non sei certo uguale a un leone o a una raganella volante. Tuttavia, come le bestiole di questo capitolo, ognuno di noi vuole credere che...

Posso farcela!

Posso farcela eccome.

E non dovremmo essere così esigenti con noi stessi.

NON DEVI ESSERE PERFETTO A TUTTI I COSTI, PICCOLO UMANO.

DICO DAVVERO.

Nessuno degli animali in questo libro fa sempre tutto 'giusto'. Ma questo non li rende meno formidabili, né meno sicuri di sé. Ti dimostreranno che essere sensibili vuol dire essere forti, che tutti hanno i loro artigli e che tu puoi sviluppare l'autostima **un balzo dopo l'altro.**

Concentrati su ciò che sai fare bene e **NON PARAGONARTI PIÙ** agli altri

Siamo umani, perciò continuiamo a sbirciare a destra e a sinistra domandandoci se le altre persone stiano facendo 'meglio' di noi. Non importa quanto ci sentiamo sicuri, perché sembra sempre che ci sia un altro più intelligente, audace e benvoluto – e valutiamo noi stessi di conseguenza.

È una mazzata per l'autostima!

Pensa se lo facessero gli animali, se si comparassero sempre agli altri?

NON SO FARE UN... GRACCHIO!

Ti presento 007, un corvo selvatico che i ricercatori hanno catturato per un breve periodo. Ecco una piccola lista delle cose che non sa fare..

- NON SA NUOTARE COME IL PINGUINO.
- NON SA EFFETTUARE IL VOLO STAZIONARIO DEL COLIBRÌ.
- NON SA CORRERE VELOCE COME LO STRUZZO.
- NON SA DORMIRE MENTRE VOLA COME L'ALBATROS.

- NON SA DIVORARE UN TOPO INTERO COME IL GUFO, NÉ RUOTARE LA TESTA DI 270 GRADI.

- NON SA PRONUNCIARE CENTINAIA DI PAROLE UMANE COME IL PAPPAGALLO CENERINO DEL CONGO (ANZI, 007 NON NE SA NEANCHE UNA).

E abbiamo citato solo poche specie di uccelli! Non parliamo poi dei leoni, degli orsi polari, dei grandi squali bianchi. Ti immagini un corvo come 007 che insegue uno gnu? O che cerca di spaventare una foca?

Capisci quant'è stupido questo ragionamento?

007 potrebbe concentrarsi su queste sciocchezze... oppure dire: ***Ecco tutto quello che so fare.***

- SO RISOLVERE PROBLEMI MOLTO COMPLICATI, COME RACCOGLIERE SASSOLINI E RAMOSCELLI, E USARLI PER PESCARE UN BOCCONE.
- SO RICORDARE UN VOLTO UMANO PER ALMENO CINQUE ANNI, E ANCHE CONDIVIDERE L'INFORMAZIONE CON I MIEI AMICI PENNUTI (EHI, LARRY! ATTENTO AL CONTADINO CON LA BARBA! CRA-CRA!)
- E POI, SO SCAVARE NELLA MIA MENTE, RIFLETTERE, PONDERARE.

Questi uccelli sono grandi pensatori. Quando un corvo muore, gli altri circondano il suo corpo, annuendo e scrutando. I volatili, con le penne a lutto, si radunano per investigare. *Com'è morto il nostro amico? Come evitiamo di fare la stessa fine?* E aiutano perfino altri animali, come ci ha insegnato la storia virale 'Corvo aiuta un riccio ad attraversare la strada' Il riccio spaventato continuava a fermarsi in mezzo alla strada, e ogni volta un corvo lo beccava, spingendolo al sicuro. *Peck! Forza, ci sei quasi! Peck! Insieme ce la faremo!*

Capito? Hai visto che cosa succederebbe se un corvo come 007 si paragonasse agli altri? Non vedrebbe tutti i suoi meravigliosi punti di forza.

Proprio come tutti questi animali!

IL PORCELLINO D'INDIA NON È BRAVO a riportare i bastoni come i cani. È INCAPACE di abbaiare al postino ed è PESSIMO a inseguire i gatti. Potrebbe rimanerci un po' male (dopotutto, è un animale domestico proprio come Fido, che però tutte quelle cose *le sa fare*), ma poi si ricorda che è BRAVISSIMO a imparare! A tre ore dalla nascita, iniziava già a correre. Un cane non ci riuscirebbe mai in così poco tempo!

IL DIAVOLO DELLA TASMANIA tira calci PENOSI rispetto al suo cugino marsupiale, il canguro. Fa PROPRIO SCHIFO a respingere i predatori con le zampe posteriori. Però dà morsi ECCELLENTI! Quanti marsupiali sanno aprire la bocca a ottanta gradi? Il diavolo della Tasmania riesce a spezzare le ossa.

IL BRADIPO è un PESSIMO velocista. Da' un'occhiata allo Yasuni National Park in Ecuador, la sua casa: guarda quanti ocelot sfrecciano fulminei sulle esili zampette feline! Lui non saprebbe MAI correre così. Non sa nemmeno fare le fusa! Però nelle trazioni è il MIGLIORE. Come farebbe a stare appeso a un ramo tutto il giorno, altrimenti? Il bradipo ha tre volte la forza di un umano – ed è *di sicuro* più forte di un ocelot.

Ognuno ha il suo talento! Gli scienziati definiscono il corvo sicuro di sé per quello che è, non per quello che non è. Animali come il porcellino d'India, il diavolo della Tasmania e il bradipo acquistano sicurezza concentrandosi sulle proprie doti, senza fare paragoni. Se ti avventuri per quella strada e inizi a dirti che *non sei 'capace' come loro*, rivolgiti un sonoro cra-cra. Pensa a 007, a cui vanno benissimo le sue penne e la sua bravura a risolvere problemi, sebbene il suo ringhio non sia credibile quanto quello di un orso (o di chiunque altro). Pensa ai porcellini d'India, che non ti riporteranno mai un giornale, o ai bradipi, che di certo non correranno mai per la foresta.

Sono perfetti così come sono.

Riconosci i tuoi **ARTIGLI**

Certo, per concentrarti sui tuoi punti di forza, prima devi scoprire di averne: *Ah, ecco le mie doti!*

No, non serve avere artigli lunghi quattro centimetri come i leoni. Non devi placcare antilopi o gnu, né far tremare l'erba con un feroce ruggito. Ma tutti noi – proprio *tutti* – abbiamo qualcosa di simile agli artigli, strumenti che ci permettono di manifestare le nostre qualità. Magari sai ballare benissimo. Oppure hai un gusto estetico eccezionale. O forse sei abile ad ascoltare gli altri e a capire come si sentono.

Questi sono i tuoi artigli.

Si acquista sicurezza appena si scopre di averli.

Rifletti un attimo:

TU CHE STRUMENTI HAI? CHE COSA TI FA SENTIRE FORTE? CHE COSA TI FA RUGGIRE?

Nel 1969, due umani trovarono un leoncino in vendita in un grande magazzino di Londra e se lo portarono a casa. Christian crebbe rapidamente (tipico dei leoni!) e diventò troppo grande per il loro appartamentino. Ormai l'avevano capito: *È ora di liberare Christian nella natura.*

Però erano preoccupati. Christian avrebbe trovato la fiducia in se stesso? Per lui era tutto nuovo e spaventoso! Non aveva mai vissuto in Kenya. Non aveva mai chiesto a un branco di leoni: *Posso unirmi a voi?* Avrebbe resistito alla pressione?

Senza troppa convinzione, i due lo liberarono.

Un anno dopo, tornarono... e videro che Christian aveva scoperto di avere gli artigli! Sembrava proprio aver capito che *era bravissimo a comunicare con gli altri leoni. E anche a essere un capo.* Prima di stringere i suoi umani in un gigante abbraccio felino (che caro!), Christian diede sfoggio della sua sicurezza muovendosi a grandi balzi per la savana, perfettamente in grado di sopravvivere nel nuovo ambiente. Aveva scoperto gli strumenti giusti per manifestare le sue qualità.

È questo il punto: come Christian, tu puoi essere più veloce e intelligente di tutti, ma la sicurezza si acquista riconoscendo queste doti, questi magnifici talenti che, come fusa, ronzano dentro di te. Devi prendere atto che sì, *giochi benissimo a hockey; cucini torte davvero deliziose; la tua amicizia è preziosa come poche!*

QUALI SONO I TUOI ARTIGLI PIÙ AFFILATI?

OGNUNO HA I SUOI!

BUTTATI!

Bene, ora che hai metaforicamente sfoderato gli artigli, devi buttarti.

Per gli umani, buttarsi vuol dire tante cose, come fare un provino per il musical di fine anno, imparare ad andare sullo snowboard, o anche dire: 'Ciao, persona nuova, vorrei che fossi mia amica'. Ma ecco che lo scoiattolo frenetico arriva urlando: ***FALLIMENTO IN VISTA! DICO SUL SERIO, POTREBBE ANDARE MALISSIMO! INNANZITUTTO RIFLETTI SU QUESTA COSA DA OGNI POSSIBILE ANGOLAZIONE, ANZI, È MEGLIO SE LA EVITI E BASTA!***

Familiare?
Quante volte questi pensieri ti hanno tolto la fiducia in te? Impedendoti di provare qualcosa di nuovo?

QUESTA MINUSCOLA RAGANELLA TI SARÀ D'AIUTO.

Grazie a grandi ventose sulle dita, ossa flessibili, zampe palmate e membrane di pelle, la rana volante di Wallace è progettata per muoversi planando, lanciandosi senza sforzo da un ramo all'altro. Tuttavia, perché il volo abbia successo, una raganella deve... be', buttarsi.

Per darti un'idea generale, la rana volante di Wallace è lunga al massimo dieci centimetri.

Eppure salta anche per *quindici metri*, dall'alto della volta della giungla.

Puoi ben immaginare le conseguenze di un errore di calcolo (una ferita, o anche peggio). Eppure, prima del grande balzo, è improbabile che pensi: *Ma io so davvero coprire questa distanza? L'atterraggio mi riuscirà perfettamente?* No. Altrimenti la rana volante di Wallace rimarrebbe per tutta la vita ferma su un ramo (gli scienziati dovrebbero cambiarle il nome: rana statica di Wallace? Rana non volante?)

Perché è così.

Inoltre, anche se tu dovessi fallire, non cadresti certo da un albero (sentirsi dire di no al provino per il musical non farà mai tanto male). Magari barcollerai come una piccola capra delle nevi, prima di trovare il tuo equilibrio sulla roccia. Vacillerai come un delfino che tenta di nuotare dritto sulla coda in mare, prima di riuscirci. In ogni caso, imparerai qualcosa, sentirai l'orgoglio di averci provato... e subito dopo ti butterai di nuovo, pronto a superare di balzo un altro giorno.

Sicurezza non significa **FRETTA**

È importante considerare che non devi buttarti *subito*. Puoi prima pensare e poi agire, come fa il polpo.

Il polpo gigante del Pacifico sembra provenire da un altro mondo: saranno il colore rosato, le otto zampe, l'intelligenza. Sono imponenti, raggiungono i 68 chili e hanno più di duemila ventose. E sono anche molto bravi a svolgere ogni genere di attività! Svitare i barattoli, usare utensili, cacciare pesciolini nei labirinti, emettere nubi di inchiostro...

UNA CREATURA DEL GENERE HA TUTTE LE RAGIONI PER ESSERE SICURA DI SÉ!

Eppure a volte esita, si mimetizza con l'ambiente, adattando il colore della pelle a quello di rocce e coralli. Si ritira nell'ombra e osserva, lontano da tutto. Dotato di nove cervelli e tre cuori, il polpo è un introverso per eccellenza. Lui ragiona, ragiona, ragiona, e poi sente. Ed è meraviglioso.

Se cerchi su Google il polpo gigante del Pacifico, troverai qualche video in cui interagisce con i sommozzatori. In uno di questi, un polpo indietreggia: Salve, Lei chi è? Vedi che valuta attentamente la situazione. Questo sub è pericoloso? Per quale motivo è qui? E poi, diventa curioso! Inizia a esaminargli la tuta con un tentacolo, e in un attimo gli è addosso. In senso buono!

Ti capita mai di fare un passo indietro per valutare, prima di buttarti?

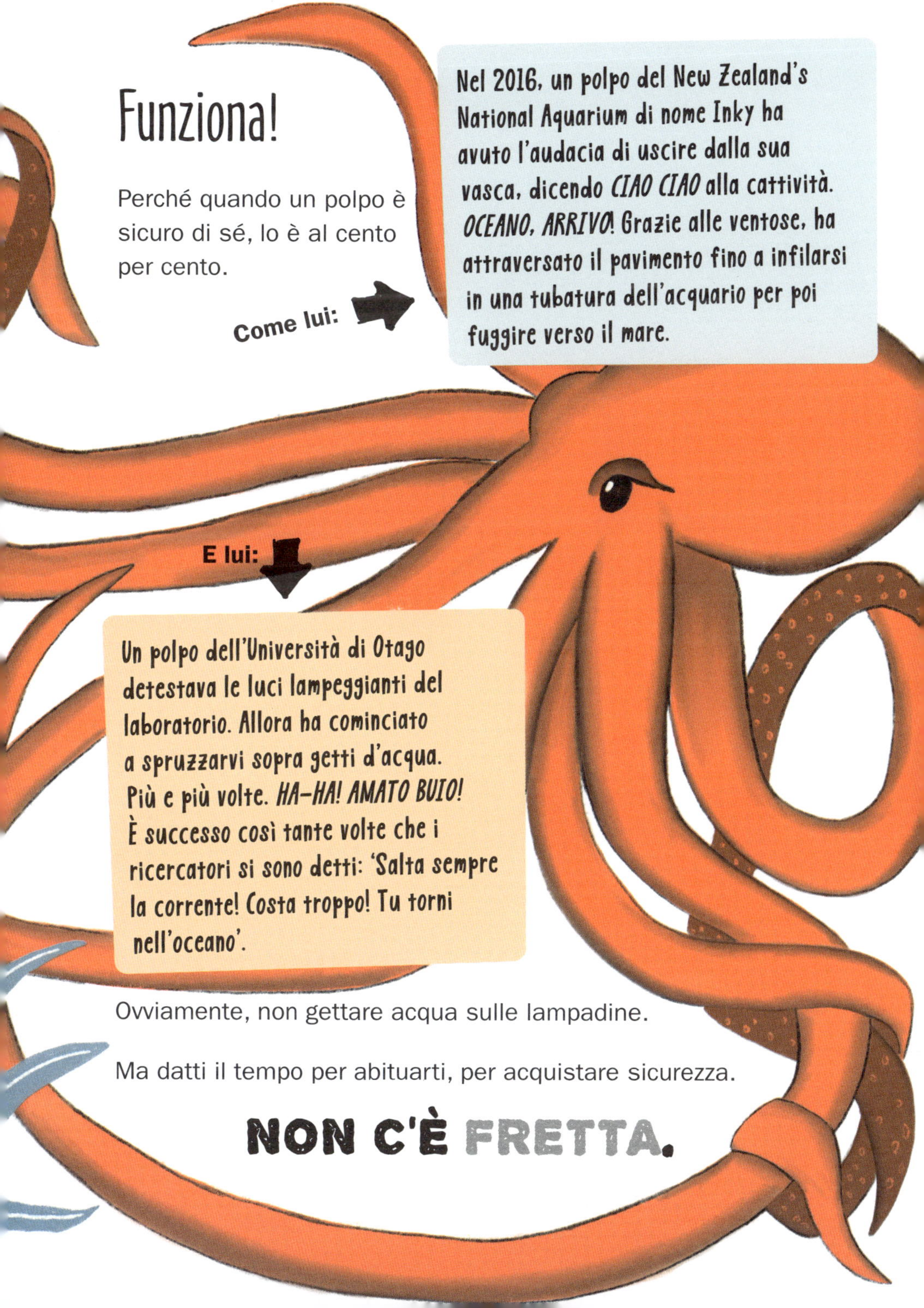

Funziona!

Perché quando un polpo è sicuro di sé, lo è al cento per cento.

Come lui:

Nel 2016, un polpo del New Zealand's National Aquarium di nome Inky ha avuto l'audacia di uscire dalla sua vasca, dicendo *CIAO CIAO* alla cattività. *OCEANO, ARRIVO!* Grazie alle ventose, ha attraversato il pavimento fino a infilarsi in una tubatura dell'acquario per poi fuggire verso il mare.

E lui:

Un polpo dell'Università di Otago detestava le luci lampeggianti del laboratorio. Allora ha cominciato a spruzzarvi sopra getti d'acqua. Più e più volte. *HA-HA! AMATO BUIO!* È successo così tante volte che i ricercatori si sono detti: 'Salta sempre la corrente! Costa troppo! Tu torni nell'oceano'.

Ovviamente, non gettare acqua sulle lampadine.

Ma datti il tempo per abituarti, per acquistare sicurezza.

NON C'È FRETTA.

Ascolta i tuoi 'NO'

Dunque, hai tutto il diritto di fare un passo indietro per osservare prima di buttarti. Ma se poi non ti butti? Se osservi, osservi... e poi scappi? Ti sorprenderà sapere che la sicurezza si esprime anche decidendo di non fare qualcosa. Ascoltando il tuo 'no' e fidandoti della scelta.

Come il cervo.

'Cosa?' dici tu. 'Che cosa c'entrano i cervi con questo capitolo? Sono super insicuri! Balzano al più piccolo fremito dell'erba, al minimo ramo che si spezza! Quando un'auto percorre una curva, eccolo là: un cervo immobile in mezzo alla strada, investito dalla luce dei fari'.

Già, si spaventano con poco.

Però, sanno seguire l'istinto... e anche molto bene. *Brutto odore!*, pensano. *Brutto rumore! Sono i passi di un cacciatore, lo so. Scappa!* Alcuni diranno che questo sia tutto l'opposto della sicurezza. Un cervo che fugge! Ma guarda bene. Quel cervo supera un fiume largo nove metri... in un unico, lungo salto. Sfreccia nel bosco a quasi cinquanta chilometri all'ora, verso la salvezza. Se sa sopravvivere così magistralmente è perché ascolta con sicurezza quella voce che gli dice: *Questo non promette bene.*

Puoi tranquillamente fare come il cervo. Anzi, spesso imitarlo è un bene. Quando una cosa non ti convince, ascolta l'animale dentro di te. Il messaggio arriverà sotto forma di sussurro (*pssst, non devi per forza guardare quel film horror*) o come una sensazione nel profondo della pancia (*Film! Horror! No!*). Ascoltalo. Puoi decidere di buttarti, ma anche di dire: *No! In quella direzione io non salto, grazie!* Magari da fuori sembrerà un gesto insicuro (quanto meno, agli altri), però in realtà è una grande dimostrazione di sicurezza.

A volte un cervo guizza via sentendo passi conosciuti. A volte, si 'sbaglia' (*Oh, ops, era un contadino che veniva a darmi l'avena*). E anche a te potrà capitare di sbagliare. E allora? Quando prendi una decisione ascoltando l'animale dentro di te, sii indulgente. Hai fatto il meglio che potevi per cercare di sopravvivere.

Acquista sicurezza un PEZZO PER VOLTA

Quindi, è tutto qui? Basta riconoscere i propri artigli, ascoltare l'animale che è dentro di noi, e bam! Sicurezza a mille? Be', per metà sì; ma la sicurezza va costruita. Non dipende da risultati immediati, ma dal perseguire gli impegni con costanza. Pensa agli scacchi. Ti aspetti di giocare *subito* con abilità? Quella disinvoltura arriva dopo anni, dopo decine e decine di partite.

No, i castori non sono bravi a giocare a scacchi (probabilmente rosicchierebbero i pezzi), ma sono maestri di perseveranza. Sono sempre riusciti a sopravvivere, anche contro ogni probabilità. Nel 1948, per esempio, il Department of Fish and Game dell'Idaho, l'ente che si occupa di caccia e pesca, decise di spostare un gruppo di castori in una nuova area. Un funzionario del governo elaborò un piano abbastanza assurdo. Piazzò ciascuno dei 76 castori in una scatola che legò a un paracadute. E poi li lanciò tutti da un aeroplano direttamente in una riserva naturale. Incredibilmente, i castori ce la fecero!

E POI SI MISERO AL LAVORO.

In Canada, nel Wood Buffalo National Park, hanno persino costruito la diga più grande del mondo. E nessuno sapeva della sua esistenza! L'ha scoperta una persona grazie a Google Earth, per caso! È lunga il doppio della Diga di Hoover, in Nevada, e frutto di anni di ramoscelli intrecciati, vegetazione bagnata e muschio fresco: si è scoperto che misura la bellezza di 850 metri.

Hanno dovuto intrecciare rami per anni. Passa sotto, passa sopra, passa sotto, passa sopra. Applicare fango diecimila volte. Aggiungere muschio ventimila volte.

Ed è di grande ispirazione! Quei castori sono la perfetta dimostrazione di ciò che si può costruire con il tempo. Comprendono che nulla si realizza in un colpo solo: la diga più grande del mondo nasce dal viaggio di un milione di rami. Certo, qua e là potrà capitare un errore. Magari crollerà una parte della diga (*Addio! È stato bello rosicchiarti!*). Ma questi fallimenti fanno parte di un progetto molto più ampio.

SONO I MINIMI GESTI A FARE IL TOTALE.
LA FIDUCIA IN SE STESSI SI COSTRUISCE
ANCHE A PICCOLISSIMI PASSI.

Devi solo concederti di provare: a prendere quella prima lezione di pianoforte, a giocare la tua prima partita a scacchi, a rosicchiare il tuo primo ramoscello. E poi, dovrai tenere viva l'autostima anche quando qualcosa non ti riuscirà al primo colpo.

PUOI FARCELA.

LA SICUREZZA
È DENTRO DI TE, MA PIÙ NE ACQUISISCI, PIÙ NE EMERGERÀ, E PIÙ PERSONE LA SCORGERANNO.

E, come il riso, la fiducia in sé è contagiosa!
Appena gli altri vedranno il piglio disinvolto con il quale ti poni,
penseranno: *ah! Forse potrei riuscirci anch'io.*
Quel semino di autostima potrà propagarsi da te alla tua famiglia...
e a tutto il tuo branco!

CAPITOLO 3

SCOPRI IL TUO BRANCO

TROVA GLI AMICI CHE FANNO PER TE

È un giorno piovoso di fine primavera e, in un parco, due cani si avvicinano. Uno descrive una curva, zampettando nel fango, l'altro scodinzola allegramente verso destra. Contemporaneamente fanno un inchino, stendendo le zampe anteriori, lasciandosi sfuggire un sorrisetto.

PRONTI? VIA!

Iniziano a inseguirsi, con il pelo bagnato che luccica, perché hanno capito che *ora siamo amici.*

I cani la fanno sembrare così semplice! Un minuto prima, estranei, quello dopo, amiconi. Ma in realtà entra in gioco un complicato sistema di comunicazione. Gli scodinzolii, gli inchini, tutto fa parte di un'intricata danza dell'amicizia. Il punto è che gli animali la capiscono.

SANNO CHE AVERE BUONI AMICI È IMPORTANTE: IL MONDO È PIÙ LUMINOSO, E MENO TRISTE, SE HAI QUALCUNO DA RINCORRERE AL PARCO.

Gli animali, proprio come noi, creano legami per sentirsi protetti, contenti, per senso di comunità. Che siano introversi o estroversi, che preferiscano stare da soli o viaggiare in gruppo, ci danno uno spaccato su come vivere l'amicizia; su come trovare un branco, o anche solo un amico, che ci apprezzi così come siamo e ci faccia tirare fuori il meglio di noi.

Certe volte, fare amicizia sembra un rompicapo irrisolvibile. E se a qualcuno non piaci? E se non 'sei capace' di fare nuove conoscenze? Se non c'è più 'posto' nel gruppo? Se questi 'amici' si rivelano ben poco amichevoli?

NON TEMERE!

Gli animali in questo capitolo sono stati scelti attentamente dal primo all'ultimo per darti risposte, ma anche consigli e dritte che ti tranquillizzeranno.

Allora, non perdiamo tempo:
andiamo nell'**acqua** coi **fenicotteri**,
passeggiamo sul fiume con un **capibara**
e infine **ululiamo** insieme
a un **branco di lupi**.

Abbi un animo **GENEROSO**

Immagina un porcellino d'India gigante, dall'ispido pelo marrone, con le zampe palmate e gli occhi buoni: ecco il capibara, il roditore più grande del mondo. Originari del sud del Brasile e di altre parti del Sudamerica, alcuni di loro hanno fatto notizia quando si sono intrufolati alle Olimpiadi di Rio, invadendo con calma il campo da golf. Brucavano l'erba tutti contenti, si rilassavano con i golfisti e prendevano il sole nei bunker di sabbia, portando nient'altro che buonumore. In seguito, una serie di articoli di giornale convennero su una definizione: per tutti, il capibara era

'L'ANIMALE PIÙ AMICHEVOLE DELLA TERRA'

E non è dire poco! Insomma, devono competere con i cavalli, e i delfini, e i cani. Eppure è davvero difficile negare la socievolezza dei capibara. Dalle scimmie scoiattolo ai coccodrilli fino a uccelli come il caracara testagialla, sembra che animali di ogni genere si sentano a proprio agio in sua compagnia. Questi roditori tondeggianti fungono perfino da 'poltrone naturali', perché permettono a piccoli animali (o anche altri capibara!) di saltar loro sulla schiena.

QUINDI CHE COSA RENDE I CAPIBARA COSÌ AMICHEVOLI? PERCHÉ TANTE SPECIE DIVERSE CORRONO DA LORO?

I capibara sono **generosi.**

Se una scimmia scoiattolo si avvicina a un capibara in riva a un fiume, questi non la fa sentire giudicata o in imbarazzo. Non dice: *Non possiamo essere amici perché tu sei un animale e io un altro;* bensì osserva; aspetta; le offre la schiena perché si accomodi.

È un gesto che rende vulnerabili, vero? E se la scimmia scoiattolo scappa? E se ti mostri amichevole a un coccodrillo, e lui si gira e ti dà un morso?

Il capibara sa che la generosità è rischiosa. Tuttavia, l'amicizia si basa sulla fiducia: devi accettare le persone per come sono, sapendo che potrà capitare che ti deludano. Che scattino come le fauci di un coccodrillo. Ma non vuol dire che tu abbia fatto qualcosa di male, bensì che ci hai provato.

Se il capibara avesse altri modi di comunicare oltre a squittire, fischiare e abbaiare, ti spronerebbe a continuare a provarci... se sei all'altezza.

ABBI UN ANIMO GENEROSO, E TROVERAI DEGLI AMICI CHE NON VEDRANNO L'ORA DI SALIRTI IN GROPPA, E MAGARI SI OFFRIRANNO PER NO DI RICAMBIARE.

STARE DA SOLI va bene

Se il capibara è estroverso, i koala come Bill sono sicuramente introversi. Bill non interagisce molto con gli altri marsupiali del Wild Life Sydney Zoo. Passa una bella fetta della sua vita in solitudine.

E l'ha deciso lui! Dato l'aspetto dolce e tenero, non lo immagineresti, ma i koala di natura sono decisamente asociali. Di solito, gli umani chiamano un gruppo di animali con una parola particolare, come branco di lupi o stormo di fenicotteri. Un gruppo di koala, invece, non ha nome! Non se ne vedono abbastanza.

Anzi, nei mesi in cui non si accoppiano, questi introversi animali passano da soli il 96 per cento del tempo. Cioè, in media, trascorrono solo un quarto d'ora al giorno con altri koala. Pur essendo in grado di emettere versi, da schiocchi sommessi a ruggiti simili a rutti, spesso preferiscono il silenzio e la quiete.

Si comporta in modo simile anche la talpa, che di solito scava gallerie grandi abbastanza solo per sé. In America, in un qualche giardino, c'è una talpa che scava fino a diciotto metri al giorno e vive da sola in una rete di strade sotterranee. A volte l'unico segno della sua presenza è un mucchietto di terra fresca spinto in superficie..

Lei può incontrare altre talpe, se vuole, ma solitamente... nah! Sta bene così! Le talpe sono talmente a loro agio con se stesse che sanno perfino riciclare l'aria che espirano, respirandola più e più volte.

Cari piccoli umani, **direbbero il koala e la talpa,** *vi capiamo se un venerdì sera preferite stare a casa.*

Oggi, siamo quasi obbligati a fare amicizia, ad avere una vita sociale perfetta da condividere online. Ma se hai voglia di stare con gli altri solo qualche volta, oppure preferisci la tranquillità, come il koala, non vergognartene. Nel mondo animale, è più che lecito.

Magari ti verrà da pensare di non 'sapere' fare amicizia.

Raccontiamo la storia in modo diverso.

FORSE SEMPLICEMENTE SAI FARE AMICIZIA *MOLTO* BENE CON LA PERSONA CHE SEI. FORSE STAI COSTRUENDO I TUOI INTERESSI E LE TUE PASSIONI PER POI CONDIVIDERLE CON IL RESTO DEL MONDO. COSÌ, QUANDO SCENDERAI DALL'ALBERO O SBIRCERAI FUORI DALLA TANA, TI CONOSCERAI MEGLIO.

E saprai anche il tipo di amici che cerchi: umani che apprezzino quello che tu apprezzi di te.

Scegli chi
TI RENDE FELICE

Torniamo per un attimo a quei due cani nel parco. A entrambi interessava il buon vecchio gioco del *prendimi, se ci riesci!* Ridevano insieme (un veloce ah-ha aspirato è praticamente la risata dei cani). Stare in compagnia dell'altro era un piacere... e probabilmente erano fieri di sé. *So correre velocissimo! Guarda, il mio amico ha fatto emergere il mio lato migliore!*

PER CUI, NON È CERTO UNA CATTIVA IDEA SCEGLIERE GLI AMICI COME FANNO I CANI.

O I BELUGA.

O GLI ELEFANTI.

DOVRESTI PORTI TRE DOMANDE.

QUESTA PERSONA HA I MIEI STESSI INTERESSI?

Se tu fossi un beluga, probabilmente diresti: *CIAO, BELUGA! ANCHE A TE PIACE FARE LE BOLLE? FANTASTICO! FACCIAMOLE INSIEME.* Se fossi un corvo, chiederesti: *ADORI FARE CAPRIOLE NELLA NEVE? STREPITOSO! CHE EMOZIONE! SONO FELICE CHE CI INTENDIAMO.*

QUESTA PERSONA MI FA RIDERE?

Come gli interessi in comune, il riso è una componente cruciale di un'amicizia: anche per molti animali. C'è chi crede che ridere sia un tratto esclusivo degli umani, ma negli anni la scienza ha dimostrato che: *NON È COSÌ!* È evidente che i cani sappiano ridacchiare. I ratti, poi, si sganasciano se fai loro il solletico. E i delfini, quando lottano per gioco, emettono veloci impulsi sonori (una raffica di schiocchi) seguiti da un fischio. Così dicono ai loro simili: *MI FAI RIDERE! NON STIAMO LOTTANDO DAVVERO! AL CONTRARIO: STIAMO STRINGENDO UN LEGAME.*

QUESTA PERSONA MI FA SENTIRE FELICE DI ESSERE CHI SONO?

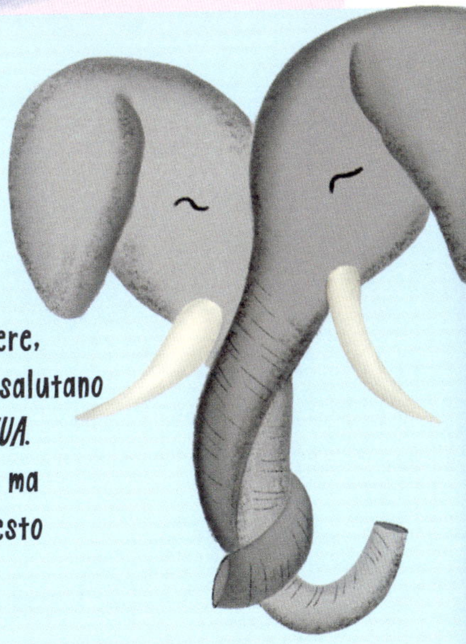

Forse è la domanda più importante. Per rispondere, guarda gli elefanti, che consolano i compagni e salutano gli amici così: *ARROTOLO LA PROBOSCIDE SULLA TUA.* E gli amici ricambiano! È segno di affiatamento, ma anche di felicità. Così facendo, comunicano questo messaggio: *QUANDO TI VEDO, MI SENTO BENE.*

Se hai risposto 'sì' a tutte le domande, **congratulazioni!** Probabilmente hai trovato un grande amico.

Trova un NUOVO BRANCO

Hai conosciuto degli umani con i tuoi stessi interessi: fantastico! Sono affabili, divertenti, buoni… e tu pensi: *ho capito tutto dell'amicizia.* Ma che succede se incontri un ostacolo? Se cerchi di fare amicizia con qualcuno che però non ti prende in simpatia? O se provi a entrare in un gruppo, ma non c'è più 'posto'?

AUUU! AUUU! AUUUUUUUU!

(NELLA LINGUA DEI LUPI SIGNIFICA 'TE LO SPIEGO IO, UMANO')

I branchi per i lupi sono una cosa seria. Dopotutto, non è facile affrontare un alce da soli! I lupi hanno bisogno dell'aiuto dei loro simili per proteggersi e procurarsi il cibo. Perfino ai cuccioli serve un compagno con cui giocare. Altrimenti come fanno a imparare tutte quelle preziose abilità per cacciare?

Ma le dinamiche in un gruppo a volte sono insidiose. Un lupo che vuole disperatamente farsi accettare può arrivare a rotolarsi sulla schiena mostrando la pancia, segno che non rappresenta una minaccia. Si accuccia, con la coda tra le zampe, emettendo un lieve guaito.

Ma i lupi comprendono un punto cruciale: **C'È SEMPRE UN ALTRO BRANCO**. Sempre. Se non ce n'è uno a disposizione, lo crei tu. Il numero ideale di solito prevede da quattro a nove componenti, ma alcuni branchi ne contano più di trenta. Perciò, alcuni lupi decidono: *Sai che c'è? Io me ne vado per conto mio. Chi viene con me? Nessuno? Fa niente. Troverò altri compagni.*

Stessa cosa per i babbuini! Un gruppo di babbuini è in continua evoluzione. Dentro, fuori, dentro, fuori... i maschi saltano da un gruppo all'altro, cambiando spesso le amicizie. E le meduse abissali, lasciandosi portare dalla corrente, incontrano altri banchi nelle vicinanze. *Oh, ciao, estranea! L'acqua ci ha fatte conoscere. Adesso siamo fantastiche compari di nuotate!*

LA VERITÀ È QUESTA: GLI ANIMALI NON VANNO SEMPRE D'ACCORDO CON GLI ALTRI ANIMALI.

Non tutti apprezzeranno l'essere umano brillante, meraviglioso, unico che sei. Se un gruppo non ti accoglie a zampe aperte, se in quella parte della foresta per te non c'è posto, per un po' ti brucerà. Per qualche giorno terrai la coda tra le zampe, ma poi ripenserai al lupo che c'è in te, che non ha problemi ad andarsene per conto suo e a trovarsi un nuovo branco... che faccia emergere il lato migliore di te.

Le amicizie giuste TI SOSTENGONO

Dopo aver scoperto il nuovo branco, come si fa a diventare più amichevole che mai? Che tu sia una zebra, un suricato o un elefante, la risposta è sempre la stessa: gli amici restano uniti. Si sostengono in un milione di piccoli (**ma che dico: grandi!**) modi.

Diamo un'occhiata agli animali che si danno sostegno a vicenda.

LE ZEBRE!

Le zebre sono bravissime ad aiutarsi! In natura, si riuniscono in mandrie: galoppano in centinaia per le praterie dell'Africa orientale. E litigano molto di rado. Dei ricercatori hanno studiato per cinque anni una specifica mandria di zebre di pianura africane, e gli scontri aggressivi documentati sono stati zero. *ZERO*. Riesci a immaginare di non bisticciare con nessuno, né in famiglia, né a scuola, per *CINQUE ANNI?!*

Da buone amiche, si difendono anche l'un l'altra.

Immagina che un leone le attacchi. Piomba sulla mandria e agguanta una di loro. Lei è ferita, spaventata, chiama aiuto con un verso forte. Ma ecco arrivare le altre: circondano il leone, scalpitano, mordono l'aria. *STA' LONTANO DALLA NOSTRA AMICA! O TI TIRIAMO UN CALCIO! NON METTERCI ALLA PROVA!* (No, davvero, meglio non farlo. Mai stare alle spalle di una zebra. Hanno zampe posteriori potentissime!) Alla fine, il leone si allontanerebbe dalla preda ferita, tornando a perdersi furtivo nella savana.

I SURICATI fanno qualcosa di simile: si radunano attorno a un predatore (come uno sciacallo) e gli sibilano: *EHI! SMETTILA! LASCIA IN PACE IL NOSTRO AMICO!* Arrivano a graffiarlo, a morderlo perfino. Ma si aiutano anche in altri modi. Per esempio, vivono in gruppi numerosi, chiamati famiglie, e spesso si danno il turno nella cura dei piccoli. Ciascuno di loro, poi, svolge il ruolo di sentinella e se avvista un pericolo avverte tutti gli altri: *EHI, EHI, BELINDA! ATTENTA!* (Okay, magari non ci sarà un suricato di nome Belinda, ma chi sente il richiamo penserà: 'Oh, questa è la voce del mio amico, la riconosco! Meglio filare!')

Naturalmente, **sostenere** non significa solo esserci nei momenti brutti – quando un leone attacca o c'è uno sciacallo da scacciare. Bisogna esserci anche nei **momenti felici**.

Abbiamo già parlato della socievolezza dei cani e del riso dei delfini; ora, uniamo le due cose! Nel 2016, un Labrador di nome Ben conobbe un delfino di nome Dougie. Sembra l'inizio di una splendida favola, ma è successo davvero. Per molti giorni, Ben si è tuffato in mare, dalla costa occidentale dell'Irlanda, la sua casa, e Dougie era lì ad aspettarlo. Oh, ecco il bravo cane! Giocavano insieme per ore: nuotavano, Dougie faceva le bolle e Ben cercava di acchiapparle. *Quasi! Presa!*

Immagina le zampe di Ben che spingono con forza, mentre cerca di stare al passo con l'amico delfino. Immagina Dougie che fa schiocchi sott'acqua, vedendo le zampe del cane muoversi sopra di lui. Che scena buffa! E che divertimento per quei due.

Certe volte, Ben nuotava per troppo tempo, e allora Dougie spingeva a riva l'amico stanco: *Ecco qui, ci sei, piano*. Si sostenevano in tutto e per tutto, spronandosi a essere felici. Era come se cane e delfino si dicessero: **DI ME PUOI FIDARTI. E INSIEME CI DIVERTIREMO UN MONDO.**

In che modo puoi dare il tuo appoggio agli amici? Un ottimo inizio è sempre ascoltare. In fondo, è da qui che partono quasi tutti gli animali: allenandosi a riconoscere il rumore dei loro compagni e a comprendere bene quello che dicono. Magari i genitori della tua amica stanno divorziando e lei ha bisogno di qualcuno con cui chiacchierare... che la circondi di sostegno, come le zebre. Oppure le è venuta in mente una battuta *geniale* e le farebbe piacere raccontarla. Tu puoi essere presente per condividere quel momento di allegria. Puoi esserci con il bello e col cattivo tempo.

Amplia il tuo **STORMO**

E infine, veniamo ai fenicotteri del Cile. Entrano impettiti in acque basse, le zampe sottili che si piegano, le teste che si muovono su e giù, e poi aprono le ali in segno di saluto. A differenza di altri uccelli, che fanno fatica a convivere con altre specie, i fenicotteri del Cile sono super tolleranti. Vedendo un fenicottero delle Ande, uno di loro potrebbe dire: *Ehi, amico! Il cibo migliore è quaggiù!* (O qualcosa del genere, nella lingua dei fenicotteri; come minimo, si saluterebbero con le ali).

Gli scienziati stanno tuttora studiando i fenicotteri, tra le creature più sociali al mondo, per indagare le relazioni durature. I loro antenati si aggiravano alteri per la Terra ben dieci milioni di anni fa: questi coloratissimi uccelli hanno avuto *un bel po'* di tempo per capire come funziona l'amicizia. Sono in grado di mantenere il rapporto con un nucleo di almeno tre amici fino a cinquant'anni, la vita media di un fenicottero in natura. Certo, 'frequentano' anche i propri partner (con cui si riproducono), ma passano anche tempo di qualità insieme ad altri fenicotteri con cui si trovano bene.

CHIAMA I TUOI AMICI, DIREBBE IL FENICOTTERO DEL CILE. GRIDA PER DIRE:

IO SONO CON VOI!

Comunicano senza sosta! Come le oche, anche i fenicotteri del Cile sono dei gran chiacchieroni: durante i combattimenti, urlano e starnazzano; e poi si chiamano a gran voce per mantenere compatto lo stormo.

Ma l'insegnamento più importante del fenicottero credo sia questo: **considera di ampliare il gruppo. Uno stormo può comprendere tre uccelli, ma anche migliaia.**

Gli scienziati hanno osservato che, se vivono in stormi più grandi, questi animali diventano ancora più socievoli. Sempre più cenni di saluto! Sempre più richiami! Avrai sicuramente già sentito il detto: 'Il mare è pieno di pesci'. Be', i corsi d'acqua sono pieni di fenicotteri. **SE NON HAI ANCORA TROVATO IL TUO STORMO, CONTINUA A CERCARLO. SFRUTTA LE OCCASIONI PER FARE AMICIZIA CON PERSONE DI OGNI GENERE.** I fenicotteri fanno così. E con l'ingrandirsi dello stormo, aumenteranno le opportunità di incontrare un amico.

Se te la senti, allarga un po' il giro. Iscriviti a quel club. Partecipa alla recita della scuola. Spalanca le ali come i fenicotteri e, prima o poi, troverai uno stormo, o magari anche solo un volatile simpatico, che **apprezza il lato migliore di te.**

**QUINDI, CHE TU SIA
DA SOLO SUL TUO ALBERELLO
O STIA PROVANDO
AD AMPLIARE IL TUO STORMO,
SAPPI CHE TI MERITI L'AMICIZIA.
HAI UN CUORE BUONO,
PICCOLO UMANO.**

E ti meriti anche
la gentilezza.

CAPITOLO 4

SCAVA UNA TANA SPAZIOSA

SII PIÙ GENTILE CHE MAI

Lo scrittore Henry James, una volta, disse:
'Tre cose sono importanti nella vita umana:

la prima è essere gentili;

la seconda è essere gentili

e la terza è essere gentili'.

In parole semplici, la gentilezza ci fa bene! Quando ci preoccupiamo degli altri, ci sentiamo più felici, più sani e più vicini. Eppure, ogni tanto capita che la gentilezza ci sfugga di mano... ce la mettiamo tutta, ma non siamo all'altezza dell'animale buono che è dentro di noi.

Magari c'è un bullo che se la prende con un amico e tu invece di difenderlo, lo critichi a tua volta. Magari qualcuno ti confida un grande segreto e tu, invece di tenerlo per te, lo spifferi a tutti in mensa. O magari inventi un pettegolezzo su un altro umano della tua classe... e lo spargi per tutta la scuola.

PERCHÉ FACCIAMO QUESTE COSE?

A volte fare del male agli altri per proteggerci sembra l'unica strada. In fondo, è quello che fanno gli animali... giusto? Basta guardare i documentari. Non è che il leopardo sia proprio gentile con la gazzella!

Ma è una visione del mondo fin troppo semplicistica.

Sì, prede e predatori esistono (certi animali si cibano di altri), ma non si fanno mai del male gratuitamente. Non si divertono a fare i bulli. Al contrario: gli animali sanno essere gentili in mille modi, invitando gli altri nella propria tana o addirittura salvandoli da acque pericolose. Altro che ostacolo alla sopravvivenza: la gentilezza è un elemento chiave per vivere..

VEDILA COME LA 'SOPRAVVIVENZA DEL PIÙ AMICHEVOLE'

I tursiopi, i ratti, gli oranghi: i protagonisti di questo capitolo dimostrano che gli animali sono compassionevoli per natura. La bontà di cuore non è un tratto solo umano. Anzi, si può imparare tanto dai comportamenti premurosi e attenti degli animali, che si proteggono a vicenda e danno rifugio a chi è in difficoltà, anche rischiando la propria incolumità.

IL VOMBATO VORREBBE COMINCIARE PER PRIMO.

Fa' spazio per gli **ALTRI**

Se le circostanze sono estremamente difficili, come troviamo la forza di essere gentili? Come facciamo a guardarci intorno e a dire: *Io sto male, lo so, ma vorrei aiutare chi sta male come me?* Nelle notti più buie, pensa al vombato, un animale notturno che ama scavare. Con zampe tozze dotate di artigli acuminati, scava nel duro suolo australiano, spostando fino a un metro di terra in una sera.

SE QUALCUNO HA BISOGNO, QUESTI MARSUPIALI SI MOSTRANO GENTILI... PERFINO SE SONO IN PERICOLO.

Nel 2019, avrai sentito che in Australia è accaduto un disastro: il paese è stato sconvolto da vasti incendi che hanno ucciso più di **un miliardo di animali**. Un numero sconcertante, che strazia il cuore. Il personaggio televisivo americano Mister Rogers una volta disse che, quando succedono cose brutte, bisogna

"CERCARE CHI AIUTA"

E in questi incendi, chi aiutava erano i vombati.
Gli animali più piccoli si sono rifugiati nelle tane dei vombati, giù, sotto terra, dove il caldo intenso non poteva raggiungerli. Hanno affrontato la devastazione in queste grandi grotte, sotto lo sguardo attento degli amici marsupiali.

Anche canguri, pecore e altri animali più grandi si sono infilati nell'imboccatura di quelle tane.

I giornali hanno cominciato a chiamarli "vombati eroi" per quell'atto di bontà: ospitare gli altri in un momento di pericolo!

Non sorprenderà, allora, che, in inglese, il nome collettivo dei vombati sia 'wisdom', cioè 'saggezza'. **Una 'saggezza' di vombati!**

Ma c'è un dettaglio importantissimo che molti articoli di giornale non hanno considerato: questi tarchiati marsupiali non sono ospitali per natura. Anzi! Sanno essere burberi come pochi e difendono con ferocia le loro tane. *Vattene da casa mia,* dice il vombato agli estranei, mordendo e sferrando colpi d'artiglio. Ma allora perché durante gli incendi hanno abbassato la guardia?

PER GENTILEZZA. PER TOLLERANZA. PER LA CONSAPEVOLEZZA CHE NEI MOMENTI BRUTTI, CI SI PUÒ SALVARE SOLO INSIEME.

Sarebbe stato molto facile mettere tutti alla porta. Addio, uccellacci! Sayonara, echidne! Sarebbe stato facile pensare: Io salvo me stesso. Invece hanno fatto posto agli altri. Li hanno accolti. In tempi difficili, ci insegna questa creatura, apri la tua tana agli estranei.

MOSTRA empatia

Dato che fai parte del regno animale, tu sei gentile per natura. È vero! È stato dimostrato che gli animali, dai topi bianchi fino ai polli, dimostrano di avere empatia, che è uno dei lati migliori della gentilezza.

Ecco, per esempio, tre esperimenti con i ratti: sono accaduti davvero.

UNA FEMMINA DI RATTO impara che, abbassando una leva, riceve un boccone. *GNAM, UNO ZUCCHERINO*! Poi, i ricercatori introducono una modifica: premendo la leva, un ratto in una gabbia vicina prende la scossa. *AHI! CHISSÀ CHE MALE.* E allora lei smette di usarla. Non vale la pena fare del male a un altro per ricevere un premio. Nemmeno se gli zuccherini sono due!

OH, NO! Il compagno di gabbia di un ratto è incastrato in un tubicino di plastica: squittisce, si divincola, gli fremono i baffi. Qualche giorno prima, la sua compagna era intrappolata proprio come lui. Lei si ricorda bene che cosa si prova: claustrofobia e stress. Allora pensa: *DEVO ASSOLUTAMENTE TIRARTI FUORI*. Annusa il tubicino. *E SE FORZASSI QUESTO GIUNTO? O QUESTA MOLLA? FATTO!*

IN UN CONTENITORE

trasparente ci sono due ratti. La femmina è in acqua, muove la coda e sbatte le zampine. Il maschio è chiuso dietro una parete, e guarda l'amica nell'acqua. *TERRIBILE*, pensa, preoccupato. *E SE ANNEGA?* (È importante ricordare che la femmina non è realmente in pericolo! Se vuole, può tenersi a una sporgenza, e i ricercatori possono tirarla fuori in ogni momento.) Ma il suo amico non lo sa. Per lui ci sono due opzioni: aprire una porticina e ottenere un pezzo di cioccolato; *OPPURE* aprirne un'altra e liberare l'amica. La decisione è istantanea. *ODIO NUOTARE*, pensa il ratto. *LA PELLICCIA TI SI INZUPPA, E POI È STRESSANTE. FARÒ A MENO DEL CIOCCOLATO, GRAZIE!* La femmina salta dentro la porticina, al sicuro, per godersi la compagnia e l'affetto dell'amico.

Che cos'hanno in comune tutti questi esperimenti (a parte il fatto che gli umani non sono sempre gentilissimi con gli animali)?

Esatto: l'**empatia**.

Ogni volta, il ratto dice:

OH, IO CI SONO PASSATO,
SO COME TI SENTI.
DAI, FAMMI FARE QUALCOSA
PER AIUTARTI.

In quali altri modi gli animali sono empatici?

ORANGHI

Hai mai sentito dire che 'il riso è contagioso'? Vale per gli umani... ma anche per gli oranghi! Queste grandi scimmie fulve hanno una spiccata socialità e spesso si fanno il solletico (per gli oranghi farsi fare il solletico è divertente!) La bocca si spalanca, che è l'equivalente di una risata. *AH, AH, AH!* Quando un altro orango vede una bocca aperta, lo imita. In una frazione di secondo. Visto? Ridere è contagioso. E, per gli scienziati, questo è segno di empatia. Se ridiamo quando ridono i nostri amici, è perché c'è sintonia... e noi teniamo a loro.

ARVICOLE DELLE PRATERIE

Se non le hai mai viste in natura, sappi che assomigliano a topolini (e hanno un po' del criceto) e sono Estremamente empatiche con i compagni di gabbia. In un esperimento, i ricercatori hanno separato due partner, mettendone uno in difficoltà senza che l'altro potesse vederlo. Una volta riuniti, quest'ultimo consolava il primo: *OH, NO! CHE COS'È SUCCESSO? CI PENSO IO A FARTI SENTIRE MEGLIO.* Nella lingua delle arvicole, per consolarsi a vicenda si ricorre alla toeletta: ci si lecca il pelo, ci si sfrega il muso, ci si pulisce le orecchie. È toccante vedere quanto uno voglia aiutare l'altro..

ELEFANTI

Anche loro, nel cuore, amano aiutare: sono empatici nei confronti di chi non fa parte della famiglia, del branco o della propria specie. I guardiani di uno zoo hanno visto un elefante asiatico consolare quelli africani con una sferzata della proboscide che significava *DAI, CORAGGIO*; e negli ultimi vent'anni abbiamo avuto notizia di tantissimi elefanti selvatici che, imbattutisi in un loro simile in difficoltà, non gli hanno voltato le spalle. Tutt'altro. Si impegnano al massimo: recuperano i piccoli dai fossi, anche se non sono i loro; si rifiutano di lasciare che membri sconosciuti della mandria rimangano indietro per la stanchezza. *RESTO IO CON TE*, pare che dicano. *SO COME TI SENTI, E SONO QUI PER TE.*

Non possiamo sempre immedesimarci nelle esperienze degli altri. A volte, però, possiamo guardarci dentro e ricordare un momento di stress o di tristezza... o anche di immensa gioia. Possiamo condividerlo, dicendo: *Ti capisco, io ci sono passato, siamo in due.*

Ci vuole coraggio, saggezza. E anche una certa dose di pratica...

Ma tu sei gentile per natura.

Ce la farai.

Sii gentile SENZA UN PERCHÉ

Quando si parla di gentilezza, *bisogna* per forza parlare di delfini. Sapevi che sono tra gli animali più intelligenti del pianeta? Hanno un sistema di comunicazione incredibile. **Schiocchi! Fischi!** Forse perfino dialetti diversi a seconda di dove vivono nel mondo. Poiché hanno un'intelligenza stupefacente, gli umani hanno studiato a fondo il cervello dei delfini. Si è scoperto che sono creature davvero sensibili. Sono capaci di pensare: *Ti Capisco. So Che Cosa Stai Passando, Anche Se Non Sei Un Delfino.* Può darsi che sia per questo motivo che i delfini compiono gesti

spontaneamente gentili.

Nel 2007, il surfista Todd Endris era sulla sua tavola nelle acque di Monterey Bay, in California. Chi altro vive a Monterey Bay? Scommetto che stavi per dire i delfini!

Loro arrivano dopo.

Ora stiamo parlando dei grandi squali bianchi.

Uno di questi predatori dai denti affilati è piombato su Todd e l'ha ferito gravemente. Todd sarebbe morto, se non fosse stato per... sì, stavolta hai indovinato: **un branco di tursiopi!** Vedendo che Todd era in serio pericolo, sono passati all'azione: hanno messo in fuga l'aggressore, hanno circondato il surfista e l'hanno aiutato a tornare a riva.

Forse ancora più incredibile è stato l'eroico salvataggio di due cogia di De Blainville, che sono mammiferi marini come le orche, da parte di Moko, l'amatissimo delfino di una spiaggia sulla costa est della Nuova Zelanda. I cogia, madre e figlio, erano bloccati in acque basse e avrebbero rischiato di morire se non fossero tornati in mare aperto. Con fare vivace, Moko ha scortato i due via, lontano, verso la salvezza. *Seguitemi! Grazie! Non c'è di che!*

Non si tratta di episodi sporadici. Nella storia, i delfini hanno sempre avuto l'abitudine di presentarsi spontaneamente per dare una... pinna. Già gli antichi Greci scrivevano di quanto fossero protettivi; ma ci sono storie su storie di persone che, appena prima di annegare, sono state salvate da un musetto amichevole. Molto amichevole! Con quella bocca all'insù e i dentini bianchi, i delfini sembrano sempre sorridenti.

Il bello è che nessuno obbliga i delfini a comportarsi così. Non programmavano di essere gentili con altri animali – di altre specie – ma quando vedevano l'occasione di mostrarsi solidali, si lanciavano.

ECCO QUALCHE ALTRO ANIMALE CHE LI HA IMITATI.

I DONI DEL CORVO

Qual è l'oggetto più prezioso che hai? Una mazza da cricket ereditata da tuo nonno? Il trofeo di scienze che hai sul comodino? O forse un pezzettino di vetro di mare che ti ha regalato un corvo? Quest'ultimo pare un po' strano! Ma da sempre i corvi portano piccoli doni ai loro amici umani, soprattutto in cambio di cibo. Nel 2015, i giornali di tutta la Gran Bretagna sono stati catturati dalla storia di Gabi Mann, una ragazza americana che su questi volatili aveva un certo ascendente. *CHE BOCCONI GUSTOSI,* sembravano dire, ricambiando il favore in modo del tutto spontaneo. Ogni tanto, infatti, Gabi trovava un regalino che i corvi avevano lasciato apposta per lei: una perlina, un bottone, il carapace marcio di un granchio (per un corvo, un bottino di tutto rispetto!). Ora, pezzettino dopo pezzettino, Gabi ha tutta una collezione di gesti gentili.

MORSETTI TRA ASINI

A noi umani non verrebbe mai da pensare: 'So io cosa fare al mio amico: gli pettino i capelli. Sarà super contento'. Ma nel resto del mondo animale, prendersi cura degli altri è un gesto apprezzato. Proviamo a immaginare due asini in un prato. Uno si avvicina disinvolto all'altro, con quel fare pimpante tutto loro (*EHILÀ! EHILÀ!*), e inizia a mordicchiare il collo dell'amico. Gli asini adorano una bella grattatina.

TI PROTEGGO IO, UCCELLINO!

Se pensi che non sia possibile amare i cani più di così, sappi che salvano anche i pulcini. È stato scoperto che i cani di tutto il mondo hanno l'abitudine di adottare amici con penne e piume. Per esempio, questo è un Labrador di nome Doug con nove anatroccoli sulla schiena. È il loro papà adottivo, un ruolo che si è dato lui, da solo, dopo che i piccoli sono stati abbandonati.

E tu in che modo puoi provare a lanciarti? Magari scrivendo una lettera a una vicina anziana. O preparando la colazione a un tuo famigliare. O dando qualche grattino in più sulla pancia al tuo cane (sempre che apprezzi!).

ORA PIÙ CHE MAI, IL MONDO HA BISOGNO DI GENTILEZZA... E TU PUOI AIUTARE A DIFFONDERLA

UN PICCOLO GESTO ALLA VOLTA.

Supera le DIFFERENZE

Ecco: hai la gentilezza spontanea di un corvo e dimostri empatia come un orango. Ottimo! Ma non finisce qui. Essere più buoni possibile significa anche essere aperti: superare le differenze e mostrare gentilezza anche a persone diverse da te per aspetto, modo di fare e di pensare. Abbiamo visto i delfini e i cogia, il Labrador e gli anatroccoli, ma per sottolineare il concetto servono un piccolo di ippopotamo e una vecchia testuggine!

CHE COS'HANNO IN COMUNE UN IPPOPOTAMO E UNA TESTUGGINE?

Non un granché! È vero, *adorano* i tuffi in acqua, ma non sono amici per natura. Eh già, sono proprio diventati amici, in Kenya, dopo che un devastante tsunami ha trascinato il povero piccolo di ippopotamo in mare. Gli abitanti del posto l'hanno portato tempestivamente in salvo, e lui (battezzato Owen come il suo salvatore) ha trovato conforto nella compagnia di una testuggine. Appena il cucciolo è arrivato nella riserva naturale, *si è precipitato* da Mzee, una testuggine gigante di 130 anni, facendosi piccolo piccolo dietro di lei. Immagina cosa avrà pensato Mzee, vedendo un ippopotamo di 300 chili caricarla in quel modo! (*Oh, no, sono la sua cena!* Oppure, con fastidio: *Ma chi l'ha fatto entrare, questo?*)

In effetti, pareva seccata dalla presenza di Owen. *Perché mi segui dappertutto? Non hai niente di meglio da fare?*

I piccoli di ippopotamo si comportano così con le madri: trotterellano al loro seguito, nascondendosi dietro di loro. Ben presto, Mzee ha capito: *Questo piccolino non vuole farmi del male. Anzi, è simpatico*. E ha cominciato a mostrarsi gentile nei suoi confronti, giocando con lui e dormendogli accanto. Hanno perfino imparato a comunicare creando uno straordinario linguaggio fatto di cenni del capo e versi. Owen aveva bisogno di Mzee; e Mzee ha superato le differenze per dargli una mano (o meglio, una zampa artigliata!). Se una testuggine e un ippopotamo sanno essere aperti, puoi farlo anche tu (tutte le persone che incontri sono pur sempre... persone! Non devi neanche confrontarti con una specie diversa).

Non puoi mai sapere quando sta per iniziare una NUOVA GRANDE AMICIZIA.

Fai come un cane con un **uccellino abbandonato**.

Come un **delfino** che riporta un cogia in mare.

E MENTRE TI MOSTRI GENTILE CON GLI ALTRI, MI RACCOMANDO, SII GENTILE ANCHE NEI TUOI CONFRONTI.

È forse il gesto che richiede più **coraggio** di tutti.

CAPITOLO 5
MOSTRA GLI ACULEI

SCOPRI IL TUO CORAGGIO

Scopri il tuo CORAGGIO

Poiché siamo umani, spesso pensiamo che l'audacia sia una risorsa rara. Siamo convinti che il coraggio sia solo di pochi: dei soccorritori che entrano nelle case incendiate, degli astronauti che salgono sui razzi. Ma, in realtà, esiste anche in forme più tranquille... e ce n'è in abbondanza. Anzi, è ovunque. **Il coraggio è *in tutti noi:*** è l'abilità di affrontare qualcosa, anche se fa paura; e per capirlo basta osservare il regno animale.

A volte, non facciamo caso al coraggio degli animali perché, ecco, non è che si scrivano libri sulle loro gesta temerarie (in biblioteca non si leggono titoli come Le intrepide avventure del signor Ghepardo, scritto dal Signor Ghepardo)! In più, non sempre riconosciamo gli atti di coraggio. Vedendo un riccio che mostra il ventre, non pensiamo: Che audacia! Che riccio impavido! Eppure, decidere di mettersi pancia all'aria richiede una forza d'animo indicibile. Dal più piccolo dei mammiferi al rettile più imponente, gli animali dimostrano un coraggio infinito... praticamente tutti i giorni.

DOPOTUTTO, NON È UN CASO CHE "AVERE UN CUOR DI LEONE" SIGNIFICHI AVERE CORAGGIO!

ANCHE TU HAI UN CUOR DI LEONE!

Spesso compiamo gesta temerarie senza renderci conto che lo sono (per esempio, andare dal dentista anche se ci fa un po' paura; fare le verifiche a scuola, anche se ci terrorizzano). Questo capitolo ti spiega come sfruttare questo potere dentro di noi... e come farlo emergere un po' di più.

Iniziamo dall'orso polare per scoprire poi dieci altri animali dotati di un coraggio stupefacente. Da alcuni, come le aquile arpie, te lo aspetti; ma altri, come le farfalle e le vacche da latte, ti sorprenderanno. E magari ti dimostreranno che spesso il coraggio si nasconde nei personaggi più impensabili; e che tu hai la capacità di vincere tutto ciò che ti si para davanti. Alla fine del capitolo, avrai imparato l'importanza di riconoscere le proprie paure, farti aiutare dagli amici e allenare la forza d'animo un gesto di coraggio alla volta.

Sei pronto a scoprire
il tuo lato coraggioso?

FA' UN BEL RESPIRO, CUOR DI LEONE, E VOLTA PAGINA.

Decidi per che cosa vale la pena **LOTTARE**

Tutto ciò che implica di superare le nostre paure si può definire un atto di coraggio; ma a volte bisogna scegliere le battaglie a seconda dell'obiettivo più importante da raggiungere, per noi e per il mondo.

Gli orsi polari lottano per i propri piccoli

Siamo tutti d'accordo sul fatto che gli orsi polari siano piuttosto coraggiosi. Dopotutto, non vivono nell'Artide, uno degli ambienti più estremi della Terra? Perfino la loro *andatura* li fa sembrare inarrestabili, pronti ad affrontare letteralmente tutto. Questi predatori bianchi come la neve possono insegnarci tante cose, tra cui come fare buon uso del coraggio, che riservano per momenti cruciali, per esempio quando i loro cari sono in pericolo di vita.

Un'orsa polare, per i propri cuccioli, non esita a battersi con ardore, perfino contro i suoi simili.

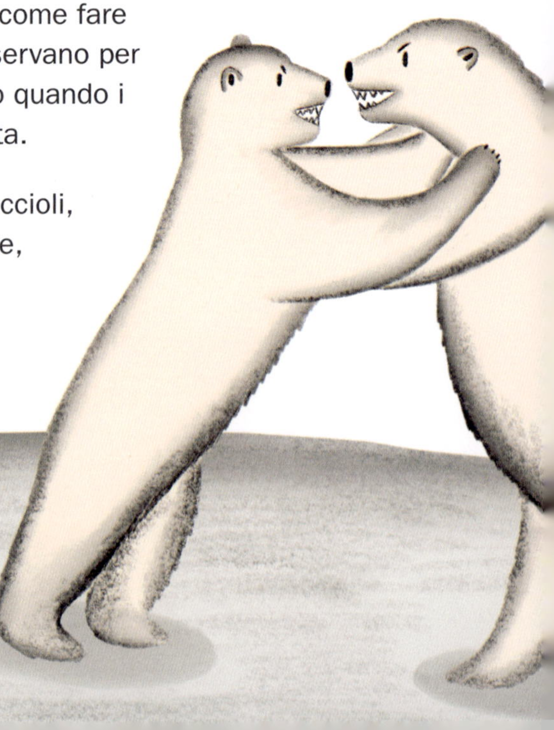

Nel 2017, i fotografi di animali selvatici di National Geographic hanno immortalato una feroce mamma orsa con due piccoli. I tre marciavano lungo le coste dell'Artide canadese in attesa che il ghiaccio si riformasse permettendo loro di cacciare. Quand'ecco avvicinarsi, con fare minaccioso, un maschio affamato. Con i suoi 500 chili, avrebbe sopraffatto senza fatica sia i cuccioli che la madre. Eppure, lei non ha esitato a caricarlo, piombando dritta verso di lui, di petto. 'Indietro! Indietro!' Si è avventata ringhiando e mostrando i denti tra i piccoli e l'intruso. E ha funzionato! Il maschio arrabbiato è filato via.

Non è che mamma orsa non avesse paura, anzi.

Ma il legame con i suoi cuccioli era più *forte* della paura.

Le oche fanno lo stesso: proteggono i piccoli a ogni costo. E mai far arrabbiare mamma lupa! Se fiuta il minimo pericolo per i lupetti, abbandona ogni esitazione. Fuori gli artigli! Fuori le zanne! *Grrrrrr!*

IL CORAGGIO, PERÒ, VA BEN OLTRE IL RAPPORTO TRA GENITORI E FIGLI. CI SONO MILLE MODI IN CUI GLI ANIMALI SI DIMOSTRANO CORAGGIOSI SE QUALCOSA A CUI TENGONO È IN PERICOLO.

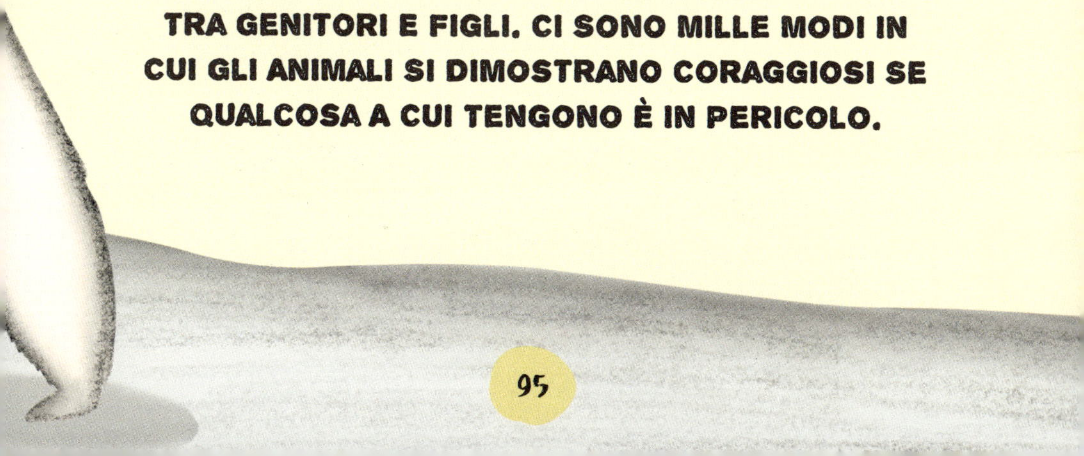

I koala lottano per la propria casa

Ti ricordi che abbiamo parlato del dolce koala, che di rado scende dal suo albero di eucalipto? (Adora stare per conto suo, e va benissimo così!) Le lotte tra koala sono rarissime, ma se c'è di mezzo la loro casa, può capitare che si azzuffino. Devi sapere che sono molto territoriali. Ciascuno ha la sua zona e i visitatori non sono i benvenuti. *Questa è casa mia!* direbbe un koala a un intruso. *E sono pronto a ruggirti contro!*

Le tartarughe liuto lottano per procurarsi il cibo

Le tartarughe più grandi del mondo sono rettili dalla pelle gommosa che pesano più di 900 chili... e nuotano circa 15.000 chilometri all'anno. Un viaggio di una lunghezza inaudita! Ma perché lo fanno? Perché nuotano con le orche (che potrebbero dire: *Mmm, tartarughe a merenda!*) rischiando di finire nelle reti dei pescatori?

Per le tartarughe liuto, la meta vale ogni briciolo di paura. *In primavera, sulle coste dell'Indonesia, rischio di morire di fame. Non ci sono abbastanza meduse! Meglio fare le valigie....*

Okay, lo sappiamo, le tartarughe non hanno valigie!

MA L'IDEA È QUELLA: sulle coste del Pacifico c'è abbondanza di meduse per riempire la pancia a tutte le tartarughe. Non importa quali pericoli dovranno affrontare durante la migrazione: non si perdono mai d'animo, perché quello che conta è far sopravvivere il gruppo.

Secondo te, per che cosa vale la pena lottare? Per che cosa vale la pena avere coraggio? Per difendere una causa in cui credi, come il cambiamento climatico che ha effetti sulla vita degli orsi polari? O per dire a qualcuno: Ehi, mi piaci (anche mostrarsi vulnerabili e confessare le proprie emozioni richiede coraggio). Allora, prendi esempio dall'orso polare e dalla tartaruga liuto che sono in te e scegli per che cosa vale la pena lottare. Immagina di essere forte e inarrestabile come loro. Perché... indovina?

LO SEI GIÀ.

Abbiamo tutti paura di COSE DIVERSE

Mentre prendi esempio dall'animale impavido che è dentro di te, ti conviene capire che cosa ti spaventa e quali situazioni richiedono davvero il tuo coraggio.

Quasi tutti hanno paura di farsi male. Ed è del tutto razionale! Prima di buttarti in mare esiti perché nell'acqua ci sono meduse urticanti (e tu, a differenza delle tartarughe liuto, non le trovi appetitose!). Oppure, in bicicletta, esiti a percorrere la cresta di una collina perché... e se poi cadi?

Ma certe paure sono solo nostre; e alcune non sono tanto sensate. Magari hai paura dei ragni, o... non so... dei cuscini! O delle piume! O dei cuscini di piuma! Non sempre sono le cose più grosse a spaventarci.

La mucca da latte lo sa perfettamente.

Che cos'è? Oh, mamma, che cos'è? UN'OMBRA! Oh, no. UN OROLOGIO! Oh, no. UN MOVIMENTO IMPROVVISO! Ma quella è una NUOVA STAZIONE DI ALIMENTAZIONE? È troppo lucida, fa troppo eco, è troppo diversa! Alle mucche da latte vedere un oggetto sconosciuto o un'ombra scura che passa sul terreno proprio non piace. Queste cose le fanno scappare in fondo alla stalla!

Le paure di una mucca a noi parranno sciocche. È solo un'ombra! È solo un orologio! È solo una stazione di alimentazione! Potremmo pensare: *Invece di 'fifone come un coniglio' dovremmo dire 'come una mucca'*. Ma sarebbe ingiusto, vero? Lei trova oggetti per noi innocui *sinceramente* spaventosi. Ma, osservandola bene, vedremo che mostra un grande coraggio.

Indietreggiando, riconosce di avere paura.

Dice: *Sì, questa cosa mi spaventa.*

Eppure, guarda. Inizia ad avvicinarsi all'ombra, all'orologio, alla stazione di alimentazione. Affronta la paura. È coraggiosa!

Analogamente, ci sono cavalli spaventati dalla propria sella… e cani terrorizzati dai palloncini. Ma dopo aver ammesso le proprie paure, iniziano a capire che… *ehi, non è così terribile!* La sella o il palloncino non fanno del male a nessuno.

Anche se a spaventarti è una cosa piccola, apparentemente insignificante, la paura per te è reale. Riconoscerla è il primo passo per superarla.

MA CI VUOLE DEL TEMPO PER VINCERE TOTALMENTE LE NOSTRE PAURE.

Inizia in PICCOLO

Dunque: stai provando ad ascoltare l'orso polare che è in te e inizi a capire l'importanza di dire alla paura: *Io ti vedo*. Fantastico! Però ora non pensare di dover dimostrare la tua temerarietà subito, all'istante. Inizia in piccolo, con un modesto atto di coraggio che getti le fondamenta per gesta più grandi e audaci.

Per esempio, Bretagne, la Golden Retriever, non era un'eroina quando è nata. Era una cucciola goffa e curiosa, piena di entusiasmo. Ma due anni dopo, avrebbe lavorato come cane da ricerca di persone disperse in una delle più grandi missioni di salvataggio della storia, nel tristemente famoso 11 settembre, quando due aerei, dirottati da terroristi, si schiantarono contro il World Trade Centre di New York e le due torri gemelle crollarono al suolo. La coraggiosa Bretagne fiutò tra le macerie per turni di dodici ore di fila, alla ricerca dei sopravvissuti, circondata dal caos.

Come ha fatto a trasformarsi da cucciola in un'eroina?

Bretagne è stata addestrata a concentrarsi su un'attività in particolare: seguire odori specifici. Si è abituata a ignorare i rumori forti e spaventosi intorno a lei e a rivolgere l'attenzione su ciò che ha più importanza per il suo compito. Poco a poco, Bretagne ha imparato che, incanalando gli istinti senza farsi distrarre dai pericoli esterni, era in grado di gestire le situazioni più spaventose.

Una Golden Retriever e un'aquila arpia sono ben diverse! Credo che quasi tutti i cani avrebbero paura di fare il nido come loro, sui rami più alti delle foreste peruviane. Però sono simili in almeno un senso: anche le aquile arpie costruiscono il coraggio a piccoli passi.

Sono tra gli uccelli più forti del mondo, superpredatori dotati di artigli da orso con cui possono abbattere un bradipo senza fatica. Guardando l'ardire con cui si gettano in picchiata, penseresti che sono rapaci nati coraggiosi.

Ma tutto ha inizio nel nido.
Sbirciando oltre il bordo per cinque o sei mesi.

E poi, finalmente, il pulcino fa un piccolo salto incerto.

Diciamo che hai paura di alzarti in piedi e parlare di fronte alla tua classe. Quale sarebbe un ottimo primo passo per superarla? Forse esercitarsi davanti a un amico o un famigliare. Poi, come la coraggiosa Bretagne, poco a poco potrai imparare a concentrarti su ciò che stai facendo e non su quello che succede intorno a te..

Per vincere la paura basta un passetto,

un piccolo salto.

Essere vulnerabili significa ESSERE FORTI

Se stai allenando il coraggio, dove entra in gioco la vulnerabilità?

Prima di tutto, definiamo il significato di vulnerabilità, perché secondo me tanti umani lo travisano. Quando sei vulnerabile, mostri la tua vera essenza. Dici: *Ti sto facendo entrare, anche se mi fa un po' paura*. Questo dimostra un coraggio incredibile! Spesso, gli umani credono che essere vulnerabili significhi essere deboli: non si piange in pubblico, per esempio, né si parla a cuore aperto; mai abbassare la guardia, altrimenti rischiamo di farci male, giusto?

SBAGLIATO!

Certo, proteggersi dai pericoli reali è importante. Il piccolo riccio lo sa molto bene. Pur avendo le dimensioni di un bocconcino, questi mammiferi spinosi sono capaci di mettere in fuga le vipere più letali.

La schiena di un riccio è ricoperta di aculei fatti di una proteina rigida chiamata cheratina, proprio come le unghie umane. Se minacciato, il riccio si appallottola stretto stretto e protegge la soffice pancia rosa. *Ah, così non puoi farmi male!* Provaci! Oltrepassare quegli aculei sarebbe una tortura per i predatori come le volpi: sono 5000 spine aguzze che ti bucano la pelle!

**MA I RICCI SANNO CHE ANCHE APRIRSI
È UN GESTO POTENTE,**

mostrare agli altri il morbido pancino. Possono scegliere di difendersi con coraggio, così come di abbassare gli aculei; sanno essere vulnerabili, il che dimostra altrettanto coraggio.

Quelli domestici si fanno spesso accarezzare la pancia (un bel massaggino è rilassantissimo dopo una lunga giornata da ricci!). Ma, prima, questi animaletti devono prendere una decisione: *Mi fido abbastanza di quest'umano per lasciarmi accarezzare? Mi farà del male? Oppure posso espormi?* Poco dopo, ecco che rilassano i muscoli e abbassano gli aculei.

Come sono **coraggiosi!**
Si mettono completamente allo scoperto... e accolgono gli altri.

Se ogni tanto ti concedi di essere vulnerabile, proverai quella felicità che senti quando le tue emozioni più vere incontrano amore e comprensione. Come il riccio, tu hai gli aculei, se ti servono, ma spesso è più piacevole, e coraggioso, non usarli.

Affidati alla **MANDRIA**

Avere coraggio non significa fare tutto da soli. A volte, anche davanti a ostacoli immensi, pensiamo: *Ci penso io. Posso farcela da me. Sono forte!* Altre, invece, abbiamo bisogno di aiuto. Per di più, siamo stati progettati per lavorare in squadra, per collaborare! Perché arrangiarsi se c'è qualcuno disposto a starti accanto? (O a camminarti accanto, se è un caribù. Ma ci arriviamo tra un attimo.) Il punto è che si può, anzi, conviene affidarsi alla mandria: gli amici, la famiglia, la comunità. Magari ti piacerebbe lottare per una causa a scuola, per esempio il pranzo gratis o i diritti degli animali. Non proveresti *un pochino* più di coraggio se avessi qualcuno di fianco a te che difendesse quella causa?

Gli animali ci dimostrano, in mille occasioni,
che i numeri moltiplicano il coraggio.

Guarda il caribù, il mammifero terrestre che effettua la migrazione più lunga al mondo. Seguiamolo nel suo viaggio da estate a inverno, dalla tundra, ricca di erba ispida e fauna robusta, a un clima più riparato, con la neve che scende lieve sui licheni. Che cosa noti? A parte quelle corna spettacolari, intendo (hai visto quanto sono grosse?). Ti accorgerai di come stanno vicini... e di quanta strada fa la mandria. I caribù di Grant in un solo anno coprono trottando 5000 chilometri. Parliamo di 200.000 *individui* che attraversano sfrecciando campi e fiumi. Un viaggio pieno di insidie.

Insidie che con il tempo non fanno che aumentare.

Ogni anno, spuntano sempre più condutture. E strade. E altri ostacoli creati dall'uomo. I caribù si spaventano facilmente. Vi si fermano davanti e sembra che pensino: *Nah, no, no, non esiste! Io da qui non passo!* Pare che solo grazie al coraggio del gruppo riescano a superare questi ostacoli. Li puoi quasi sentire che si spronano a vicenda: ***Ci sono qui io! Non preoccuparti! Non devi affrontare la paura da solo!*** Insieme, raggiungono in scioltezza l'altra parte e proseguono serenamente il viaggio.

Il caribù non è certo l'unica creatura che si fa forte grazie ai numeri. Tanti animali di cui abbiamo già parlato, come i capibara o i fenicotteri del Cile, contano sul gruppo per darsi una carica di coraggio in più. Ma fare qualche altro esempio non nuoce!

Il peso delle farfalle

Come i caribù e le tartarughe liuto, le farfalle monarca sono animali migratori, però *un po'* più piccoli. In media, una monarca pesa appena mezzo grammo. Eppure, insieme a circa altri 29.000 suoi simili, quest'insetto compie uno dei viaggi più lunghi e difficili del regno animale: dagli Stati Uniti e dal Canada fino al Messico. Mentre si spostano, le farfalle si posano, si raggruppano vicine per stare al sicuro, appoggiandosi l'una sull'altra e proteggendosi le ali dal freddo.

Wup! Wup!

Stando a *Il Re Leone*, le iene sarebbero vigliacche, ma non è per niente vero! Parenti strette delle manguste (ma neanche lontanamente dei cani!), le iene macchiate organizzano le battute di caccia con attenzione e coraggio, adunando il branco con un caratteristico: *'Wup! Wup!'* È un suono che si diffonde in tutta la savana. Può significare: *C'è un leone, dobbiamo mettergli paura! Presto!* Oppure: *Venite qui, affrontiamo questa zebra!* Quale che sia il caso, è una chiamata alle armi, a raccogliere il coraggio del gruppo. *Siamo più forti insieme che separate!*

Quindi, non temere di **appoggiarti alla tua mandria.**

Magari stai per partecipare a una corsa di beneficenza o a una gara impegnativa, o stai combattendo contro una malattia. Lascia che gli amici, la famiglia e la comunità ti aiutino, per quel che possono, e che il loro coraggio ti dia forza. In fondo, so che tu per loro faresti lo stesso.

Insieme o separati, serve un **ENORME CORAGGIO** per sopravvivere all'incertezza e al cambiamento.

E tu stai andando benissimo! Perfino leggere questo libro e riflettere su questi temi importanti dimostra quanto sei audace.

CONTINUA A PAGAIARE NELLE ACQUE DELLA TUA VITA.

Continua, piccolo umano, anche quando la corrente è contraria..

CAPITOLO 6

CONTINUA A NUOTARE

TROVA LA RESILIENZA CHE TI FA ANDARE AVANTI

La vita sa essere terribilmente imprevedibile. Può cambiare in un battito d'ali, in un fremito di baffi. In certi casi, succede una fantastica svolta inaspettata. In altri, ci troviamo ad affrontare situazioni bruttissime, del tutto fuori dal nostro controllo; e non ci rimane che adattarci, rialzarci, continuare a nuotare. Ma vorrei dirti qualcosa di bello. Anzi, di grandioso!

Oltre a essere una persona **coraggiosa**, buona, unica per natura, per natura sei anche **resiliente**.

(SEI ANCORA QUI, GIUSTO? A LEGGERE LE PAGINE DI QUESTO LIBRO!)

Ma, ogni tanto, per andare avanti ci serve un piccolo incoraggiamento. E gli animali di questo capitolo hanno un vero talento in questo. Dalle volpi rosse di Londra a un cavallo di nome Zippy Chippy, tutti ti daranno esempi di adattamento e perseveranza.

Ti faranno capire che i giorni di pioggia passeranno, vedrai, che puoi chiedere aiuto ed è meglio accogliere ogni emozione... anche il dolore.

Questi animali ti terranno addirittura per mano (metaforicamente, è chiaro. Non so quanto vorresti che un pipistrello vampiro ti si accoccolasse vicino. E forse ci penseresti due volte prima di prendere la zampa di una puzzola!).

Mentre leggerai questo capitolo, ricorda che ognuno reagisce diversamente... perché ognuno è diverso. Magari sei più simile a un'orca che a un procione. Potrai trarre ispirazione dall'orso nero della Louisiana, dal cucciolo di pangolino o perfino dalla minuscola formica di fuoco. Ma spero che tutte queste storie ti renderanno più resiliente di prima.

Il mondo là fuori è spietato. Gli ultimi anni l'hanno dimostrato più che mai.

MA LA VOLPE È PRONTA! ZIPPY CHIPPY PURE!

TI AIUTERANNO A SUPERARE LA TEMPESTA.

Pensa ad ADATTARTI SEMPRE

Una delle cose più difficili da affrontare per noi umani è il cambiamento. Negli scorsi capitoli abbiamo visto l'impressionante viaggio del caribù e delle farfalle monarca, e la loro capacità di trarre forza dai numeri; però non abbiamo parlato di animali che si adattano a grandi cambiamenti, come quello del paesaggio o del clima. Ma è importantissimo, perché la tua vita sarà inevitabilmente in continua trasformazione: magari cambierai scuola, o città, o Paese. La tua famiglia si allargherà o si stringerà. Come reagirai ai mutamenti? Ti adatterai o vi opporrai resistenza?

LA VOLPE LO SA: TUTTO CAMBIA **SEMPRE.**

Una volta, l'habitat delle volpi rosse era solo la campagna. Inseguivano le galline e altre piccole prede, felici tra l'erba alta... ma da quando gli umani hanno iniziato a edificare in quelle terre, le volpi si sono diffuse in tutte le città britanniche. Come Londra! Dalle ultime stime, solo qui ne risultavano circa 10.000. Le grintose volpi di città hanno imparato a scavalcare le recinzioni, a rovistare tra i bidoni, ad arrampicarsi sui muri per entrare nei giardini e accaparrarsi uno spuntino. *Mmm! Mezzo sandwich all'uovo! Buono!*

Una volpe assai adattabile (soprannominata Romeo) è addirittura vissuta al 72° piano del grattacielo più alto della Gran Bretagna, The Shard (La Scheggia). Sembra che durante i lavori si fosse intrufolata in una scala, diventando abilissima a sgraffignare gli avanzi degli operai. Per un po', si è goduta la più bella vista sulla città! Quando è stata scoperta, l'hanno portata via, al sicuro; ma è la prova che le volpi sopravvivono quasi ovunque, non importa quanti cambiamenti debbano affrontare.

DEVI SAPERE, GIOVANE UMANO,
CHE TU SEI MOLTO SIMILE ALLA VOLPE.

Sai sopravvivere con saggezza e adattabilità.

Sei capace di resistere... di trovare una strategia per fare tuoi ambienti nuovi. Perciò, quando tutto cambia, sappi che puoi sempre sfruttarla come un'occasione per crescere. E dimostrare quanto sei forte. Certo, non sempre è possibile... o auspicabile. Ma chissà che non ti troverai a crogiolarti 'volpescamente' al sole di un nuovo habitat.

Rialzati **SEMPRE**

Una volta che hai scoperto di poterti adattare come le volpi, il passo successivo è imparare a rialzarti. Rialzarti sempre, ancora e ancora. Quand'è stata l'ultima volta in cui hai detto: *Non ce la faccio più!* Oppure: *Tanto vale mollare!* Forse a scuola c'è una lingua che trovi ostica, o magari, per quanto tu ti sprema le meningi, la matematica proprio non ti riesce. Oppure ti sei impegnato tantissimo per la squadra di calcio, ma le tue prestazioni nel dribbling non sono ancora ottimali. Che tentazione di gettare la spugna...

O LA SELLA, SE SEI UN CAVALLO.

VORREI PRESENTARTI UN CAVALLO DI NOME ZIPPY CHIPPY, un purosangue dell'Upstate New York. Di solito gli umani apprezzano i cavalli (come il pro-prozio di Zippy Chippy, Secretariat, o suo cugino, Man o' War) per le performance nella corsa e la strabiliante velocità. Volano sui rettilinei! Sfrecciano sulle curve!

Ma Zippy Chippy è famoso per un motivo un po' insolito:

Tutti lo riconoscono come il più **grande perdente** della storia delle corse.

Non ha mai vinto neanche una gara. Esatto, zero! Niente! Una volta, durante una corsa in diretta TV, è stato battuto addirittura da un umano. Un umano! Un bipede! A gara già abbondantemente iniziata, Zippy Chippy era ancora alla linea di partenza, a guardarsi intorno, e dopo troppo tempo si è reso conto: *Ah, siamo partiti? Giusto! Arrivo*. Per lui era più interessante rubare patatine e mordicchiare gli allenatori che gareggiare. A fine carriera, il suo record era rimasto imbattuto: un impressionante 0-100.

IL FATTO, PERÒ, È CHE ZIPPY CHIPPY

ADORAVA CORRERE

CON LA CRINIERA AL VENTO.

Amava la pista e, a detta del suo preparatore, era sempre pronto. Non importa quante volte avesse perso. O quante volte avesse dovuto rialzarsi. Zippy Chippy concepiva solo di andare avanti (**e, ogni tanto, di lato, quando non si ricordava bene dove andare!**).

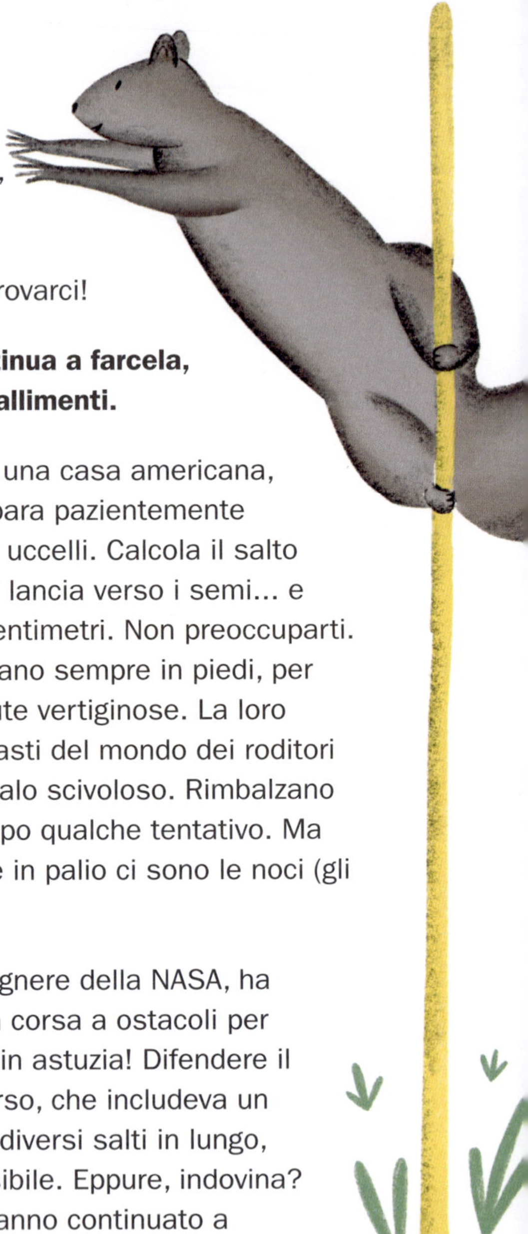

Quanto a perseveranza, è difficile battere Zippy Chippy, ma gli scoiattoli possono sicuramente provarci!

Ognuno di loro continua a farcela, in barba ai fallimenti.

Se guardi nel giardino di una casa americana, vedrai uno scoiattolo che si prepara pazientemente a balzare su una mangiatoia per uccelli. Calcola il salto dal bordo della recinzione, poi si lancia verso i semi... e manca il bersaglio di parecchi centimetri. Non preoccuparti. Gli scoiattoli, come i gatti, atterrano sempre in piedi, per cui possono sopravvivere a cadute vertiginose. La loro determinazione è comica. I ginnasti del mondo dei roditori imparano allora a lanciarsi dal palo scivoloso. Rimbalzano contro la recinzione... questo dopo qualche tentativo. Ma non esiste sfida troppo ardua se in palio ci sono le noci (gli scoiattoli ne sono ghiottissimi).

Nel 2020, uno YouTuber, ex ingegnere della NASA, ha persino costruito in giardino una corsa a ostacoli per scoiattoli. L'obiettivo? Superarli in astuzia! Difendere il mangime per gli uccelli! Il percorso, che includeva un labirinto, un ponte traballante e diversi salti in lungo, sembrava quasi impossibile. Eppure, indovina? I geniali roditori hanno continuato a esercitarsi sugli ostacoli.

Ogni volta che sbagliavano, facevano tesoro di ciò che avevano imparato, conservando le informazioni come noci nelle guanciotte. Alla fine, dopo una settimana di fallimenti continui e sforzi ininterrotti, **HANNO VINTO!** ***Muah-ah-ah!***

MAI VITTORIA FU PIÙ DELIZIOSA.

Ora spostiamoci a Berkeley, in California, dove nel 2016 i ricercatori hanno studiato ventidue scoiattoli volpe. Li hanno addestrati ad aprire una scatolina a misura di roditore che conteneva un gustoso bocconcino. *Be', facile,* avranno pensato gli animali. Non è una mangiatoia per uccelli! *Non dobbiamo neanche tenerci appesi con le dita!* Ma, poco dopo, i ricercatori hanno smesso di riempirla di noci. Gli scoiattoli sono impazziti! *Dov'è il cibo? Che scherzo è mai questo?* Pieni di frustrazione, tentavano di aprirla in altri modi: ribaltandola, battendola, squittendo.

Ed è questo l'importante.

In pratica, anche se avevano 'fallito', in un attimo hanno pensato a un approccio diverso. *E se provassimo così? O così?* Hanno optato per l'innovazione! Hanno imparato nuove abilità. Se un cavallo che perde sempre continua a essere così contento di correre, e gli scoiattoli sanno dimenticare i fallimenti e tentare nuove strade... allora anche tu saprai rialzarti.

A volte, il punto non è vincere; bensì, metterci tutto il proprio cuore.

E OGNI VOLTA CHE TI RIALZI, NON FARAI CHE DIVENTARE PIÙ FORTE DI PRIMA.

Vedrai che **PASSERÀ**

Ma che succede quando ti senti schiacciare dalla situazione? Quando non hai le energie per rialzarti? È una sensazione comprensibile... e non c'è niente di cui vergognarsi. A volte, semplicemente, *non ce la facciamo*.

Ma c'è speranza, anche se hai la testa incastrata in un tombino.

O se sei coperto di fango, sul fondo di un pozzo profondissimo.

UN PROCIONE DA SALVARE

Abbiamo già incontrato i panda della spazzatura! Ma dobbiamo richiamarli in scena. Nel 2019, un piccolo procione evidentemente molto curioso ha deciso di infilare la testa in un foro quadrato di un tombino, nel Massachusetts. Non era esattamente della sua misura! Il procione si dimenava con furia, graffiando il metallo, nel disperato tentativo di liberarsi. *Tiratemi! Fuori*! Alcuni umani, sentendolo, si sono preoccupati, hanno portato del sapone e hanno coperto l'animale di schiuma scivolosa. Niente. Era incastrato. Il procione è rimasto aggrappato, alla speranza e alla grata, per più di due ore. Dieci soccorritori e un sedativo più tardi, era finalmente libero!

LA GRANDE FUGA DELLE PUZZOLE

L'anno prima, in California, a due puzzole è capitato un guaio simile. Di notte, sono cadute nelle fondamenta di un cantiere, in un buco profondo diversi metri. Sul fondo, avevano pancia e zampe bloccate nel fango. Come immaginerai, non è stato un bel momento! La mattina dopo, un umano le ha notate, non senza un sussulto, e ha subito organizzato una squadra di soccorso.
Una volta in superficie, una puzzola si è ripresa in fretta; all'altra (infreddolita, tremante, con la coda fratturata) è servito più tempo. Ma ce l'ha fatta! È sopravvissuta e il giorno dopo era di nuovo pimpante.

A tutti gli animali succede di finire incastrati – quando sembra che non ci siano speranze, e hanno la pelliccia impastata di fango. Non tutto passa in fretta (se passa). A volte, queste esperienze diventano parte di noi che, come le volpi, dobbiamo trovare il modo di adattarci.

MA RICORDA CHE TANTE COSE BRUTTE PASSANO.

Se hai la testa bloccata in un tombino, sappi che magari tra poche ore ti libereranno. Se è inverno e tremi nella tana, sappi che la primavera è dietro l'angolo.

Prova le emozioni, **TUTTE QUANTE**

Nei giorni belli e in quelli meno belli, concediti di sentire le tue emozioni... sentirle *veramente*. Forse riesci già ad abbracciare quelle positive (*Sììì! Questo finesettimana adottiamo un gatto, sono Su Di Giri!*), ma come reagisci quando arriva la tempesta? Accogli anche la tristezza oppure è più facile respingerla (e chiuderti a riccio come... be', un riccio)?

Ecco, l'orca vuole dire la sua.

E non una gran sorpresa perché le orche, in inglese 'balene assassine', sono delle chiacchierone! Prima fanno un fischio. Poi un impulso sonoro. Di tanto in tanto, aggiungono qualche bolla, soffiando l'aria nello sfiatatoio. Ma soprattutto, vivono le emozioni pienamente: si rifiutano di evitare il dolore. Anzi, lo provano davanti all'oceano intero.

Nel 2018, un'orca di nome Tahlequah ha fatto capire agli scienziati la profondità delle emozioni dei cetacei. Per diciassette giorni, nelle acque di Seattle, che si trova nello stato di Washington. Tahlequah ha tenuto stretto il corpo senza vita del suo piccolo. Senza mai fingere di non stare soffrendo. Senza mai dire, nella lingua delle orche: *Sto bene.*

Ha espresso **tutto il suo dolore.**

Le orche non sono le uniche ad abbracciare il lutto. Lo fanno anche le giraffe, che spesso divaricano le zampe per chinarsi e dare colpetti ai loro morti. Gli elefanti vegliano sui loro caduti, le orecchie afflosciate, e raccolgono ramoscelli per coprirne il corpo. Quando l'orso polare Gus del Central Park Zoo perse la sua compagna, si tuffò in acqua, nuotando a tristi bracciate, ignorando qualsiasi giocattolo i guardiani gli spingessero vicino. Noi possiamo imparare da ognuno di questo animali. Forse siamo convinti che non 'stia bene' mostrare la tristezza o la rabbia o la delusione.

MA UNA COMPONENTE ESSENZIALE DELLA RESILIENZA È LA SINCERITÀ, CIOÈ AMMETTERE I PROPRI SENTIMENTI.

Cerca di non nasconderli. Di non soffocarli. È più sano prendere esempio dalle orche, dagli elefanti, dalle giraffe. Altrimenti, come faranno gli altri a sapere che stai male? Come faranno ad aiutarti? E come farai tu a continuare a nuotare, con tutte quelle emozioni tappate dentro di te... che ti appesantiscono?

Le emozioni più difficili vanno accolte: grazie a loro possiamo diventare più forti.

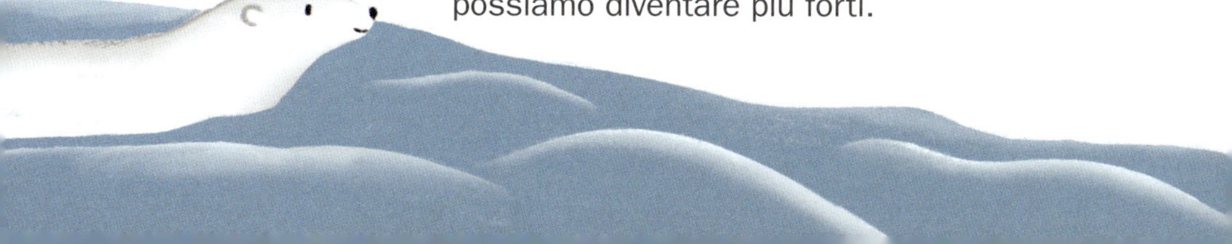

Puoi chiedere **AIUTO**

Ricordi quando abbiamo detto che puoi appoggiarti al gregge per farti più coraggio? La resilienza, nel mondo animale, significa proprio questo: cercare gli amici, la famiglia o i membri della comunità per chiedere loro: *Mi aiuti?*

Chiedere aiuto va benissimo! Non ti fa passare per debole. Al contrario: trasmette l'idea che tu sei abbastanza forte, abbastanza capace da riconoscere quando non puoi fare tutto da te. Magari sei metaforicamente sul fondo di un buco, come una puzzola. O in lutto, come un'orca. Oppure hai poca fortuna, come un affamatissimo pipistrello vampiro.

Lo so! 'Aiutare' e 'vampiro' per tradizione non si conciliano... ma stammi a sentire! Quando i pipistrelli vampiro si nutrono, prelevano solo una minuscola porzione di sangue dalla preda; non fanno davvero del male a nessuno. E le loro comunità di sole femmine sono molto affiatate. Lo sapevi che, se una di loro non si nutre per due giorni, rischia di morire di fame? Per così poco! E non tutte le notti riesce a procurarsi un pasto.

Ma niente paura! Ci pensa un'altra femmina, che piomba in suo soccorso.

In pratica, un pipistrello vampiro non deve far altro che dire apertamente: *Ho tanta fame; aiutatemi.* E, voilà! Un'amica vomita la sua cena e la condivide con lei. Sì, okay, fa un po' schifo; però è gesto veramente generoso. Oltretutto, è ripetuto in continuazione. Secondo i ricercatori, i pipistrelli vampiro formano le comunità (almeno, in parte) proprio *in base* all'aiuto reciproco. Si ricordano di chi li ha nutriti in quelle notti difficili, e pensano: *Di te posso fidarmi, amica! E ora anche tu puoi fidarti di me. Se hai saltato un pasto, vola dritta nella mia zona della caverna.*

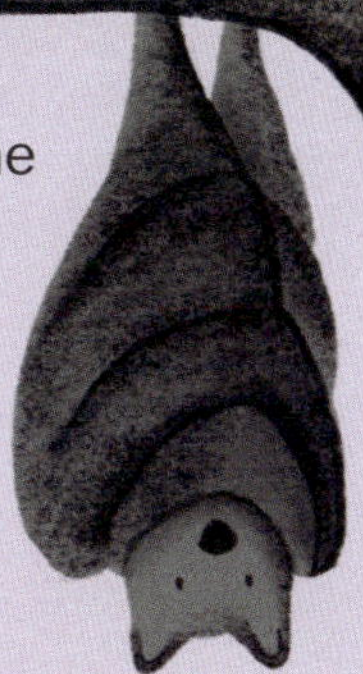

SEI UN TIPO TOSTO... MA SARAI ANCORA PIÙ INVINCIBILE SE CHIEDI UNA MANO.

O una zampa. O un'ala.

NON PREOCCUPARTI: È IMPROBABILE CHE LE TUE AMICHE TI MORDANO!

Ci si può RIPRENDERE

Hai mai sentito parlare della fenice? Un uccello rosso con piume favolose che prende fuoco e si incenerisce. Poi rinasce, risorge dalle sue ceneri, di nuovo viva e vegeta. La fenice non è un uccello *vero* (esiste solo nella mitologia greca e nella nostra immaginazione); ma questa creatura magica è simile a tanti animali che, dopo aver vissuto esperienze sconvolgenti, si riprendono e tornano più forti di prima.

UNA COLONIA DI FORMICHE DI FUOCO

Quando gli uragani si abbattono sugli Stati Uniti, inondando intere comunità e spazzando via ogni forma di vita vegetale (lasciano dietro di sé solo una distesa d'acqua), questi piccoli insetti fanno fronte unito. Letteralmente. Come le lontre, che si tengono 'per mano' sulle rapide, le formiche di fuoco uniscono le zampe con altre 10.000 amiche. Sfruttando l'esoscheletro idrorepellente e un sistema di ripartizione dei compiti (*Tu alla base della zattera! Io sopra! Ora scambiamoci!*), galleggiando superano la tempesta. Quando l'allagamento rientra, riprendono a vivere normalmente.

GLI ORSI NERI DELLA LOUISIANA Nel 1992, l'US Fish and Wildlife Service, ente che protegge la flora e la fauna degli Stati Uniti, li dichiarò 'a rischio'. Molti animali che entrano nelle liste delle specie minacciate sono destinati a restarci. Per fortuna, questi orsi sono bravissimi a trovare cibo (ghiande, noci pecan, coleotteri, oh

sì!) e ad adattarsi a diversi ambienti, anche ostili. Zampe forti e robuste per fuggire da zone pericolose e grandi artigli per cacciare nella nuova casa. Gli umani hanno sì contribuito a ripristinare parte del loro habitat; ma se l'orso nero della Louisiana è sopravvissuto, è anche merito suo: la loro popolazione è raddoppiata!

UNA SPERANZA PER... HOPE! Se non hai mai sentito parlare del pangolino, pensa a un formichiere coperto di scaglie: stai per incontrarne uno. Ecco Hope. L'ha trovato un abitante di un villaggio thailandese sul bordo di una strada: era tutto solo, malnutrito, e aveva appena un mese. Ma Hope era un guerriero. Piano piano, ha raccolto le energie per mangiare qualche uovo di formica. E poi altri ancora. Ha trovato quella resilienza, quella voce che gli diceva: *continua a mangiare, esplora il serraglio, tieni su la testa.* E ben presto, si è ripreso.

Si può, giovane umano.
Ci si può riprendere.

Sei molto più resiliente
di quanto tu creda.

TIENI A MENTE A TUTTI I COSTI CHE, COME IL PIPISTRELLO VAMPIRO E L'ORCA, COME ZIPPY CHIPPY E HOPE, IL CUCCIOLO DI PANGOLINO, TU SEI RESILIENTE PER NATURA.

Anche mentre nuoti, anche se è difficile, cerca quelle piccole riserve di **GIOIA**. Ti meriti di fiutare e scovare ogni briciolo di **FELICITÀ** possibile.

CAPITOLO 7

SCOVA LA GIOIA

SII FELICE!

Da qualche parte in America, c'è una mucca da latte che deve decidere se uscire dalla stalla da un sentiero buio, pieno di ombre, o da un sentiero illuminato dalla luce del sole. Indovina quale sceglierà?

Quello al sole!

Sempre quello al sole.

Come noi umani, tanti animali vanno istintivamente verso la luce. Spesso cerchiamo ciò che ci fa sentire bene, che ci porta calore e gioia.

Eppure, capitano dei giorni – magari anche tanti – in cui non siamo poi così allegri. Voglio anticipare subito che per alcuni umani è molto più semplice essere più felici di altri.

Credimi, ognuno è diverso! Anche il mondo che ci circonda ha un impatto sulla felicità, ed è comprensibile se sei giù per certe cose che non è facile cambiare.

Ma posso darti una notizia fantastica! Secondo buona parte dei ricercatori, **il modo migliore per vivere con gioia è essere se stessi.** Tu sei un essere umano meravigliosamente raro, ricordi? Tienilo sempre a mente! Non dimenticare che **SEI UNA PERSONA UNICA, BUONA, CHE MERITA AMICIZIE ECCEZIONALI.** Trova le persone, i luoghi e le attività che ti rendono felice... e tienile strette, come faceva Congo con il suo pennello, ricordi?

In questo capitolo parleremo di *altri modi* per scovare la gioia. Dai cani (che hanno un fiuto straordinario) fino ad arrivare ai maialini vietnamiti e ai panda, ci tufferemo nella felicità come un Golden Retriever all'inseguimento di una pallina (cioè con grande entusiasmo!). Ed escogiteremo tecniche per rendere il nostro mondo un po' più luminoso:

contare le piccole gioie insieme a quelle grandi,
imparare l'importanza di prendersi cura di noi
e **APPREZZARE** sempre il vento tra le orecchie.

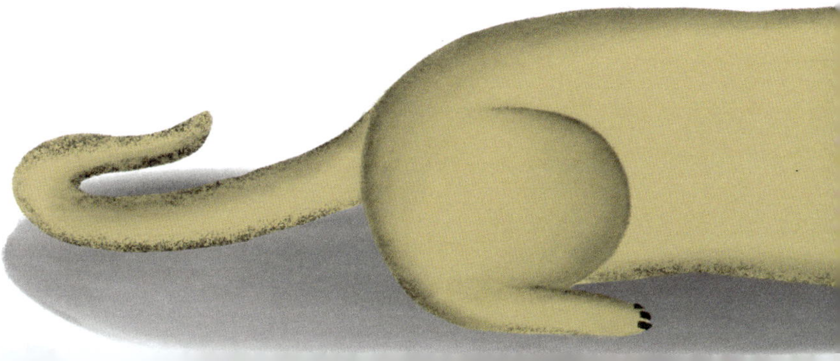

Siediti e resta nel **PRESENTE**

Il mondo è pieno di meraviglie. Chiedilo ai cani! Se vedono un biscotto, dimenano il sedere, ballando e scuotendosi tutti. Quando i loro umani tornano da scuola, i cani agitano la coda a vortice, sempre più veloce, finché il posteriore non si trasforma in una macchia sfocata. Qual è il segreto della felicità per un cane? E noi come facciamo a 'scodinzolare' come loro?

Ecco una risposta.

TUTTI I CANI VIVONO NEL PRESENTE. TUTTI I CANI SI CONCENTRANO SUL QUI E ORA. PENSANO SOLO A ESSERE, SENZA PREOCCUPARSI TANTO DEL PASSATO O DEL FUTURO.

Gli umani, in questo, sono proprio negati! Quante volte alla settimana ti chiedi: Ma qualcuno si starà divertendo senza di me? Quando fai qualcosa di bello, per esempio un giro in bici nel tuo giardino, quante volte ti fermi per colpa dell'ansia? Lunedì ho la verifica di matematica, pensi, oppure: La settimana prossima qualcuno si siederà vicino a me a pranzo?

Non sarebbe fantastico vivere nel presente, come i cani? Respirare lentamente, ridere senza pensieri, apprezzare il mondo intorno a noi?

Puoi farlo, umano! direbbe un cucciolo.
Prova a fare queste cose ***COME UN CANE.***

GODITI GLI ATTIMI DI VENTO TRA LE ORECCHIE

Mai visto qualcosa di più allegro di un cane che si affaccia fuori da un finestrino, con le guance che sbatacchiano e le orecchie al vento? O che sgranocchia un boccone al burro di arachidi, oppure che insegue un gabbiano sulla spiaggia? I cani rincorrono la felicità! Mi raccomando, nella tua vita, accogli queste esperienze. Resta nel presente e vivile appieno.

GUARDA LA PALLA, PALLA, PALLA, PALLA, PALLA...

A volte, è utile concentrarsi del tutto su un'attività che rende particolarmente felici. I cani lo fanno sempre. Tipo annusare! La prossima volta che ne vedi uno al parco, osservagli il naso che freme a mezz'aria, captando ogni delizioso aroma. Osserva come cambia la posizione della coda, tutta l'attenzione rivolta su un odore. Può tranquillamente annusare la stessa zolla per un quarto d'ora. Urina di coniglio? È *sua*. Cacca di scoiattolo? *Cavoli, non c'è niente di meglio.* E ogni tanto scava con le zampe per portare l'odore in superficie, mentre la terra sollevata descrive archi perfetti.

Per non parlare delle palline da tennis! Quelle infangate. Quelle nuove, appena comprate. Quelle con le righe azzurre, super masticabili. Un cane le insegue tutte, le orecchie al vento, in preda alla pura gioia. E quando le acchiappa, non credo pensi alla prossima toelettatura. Non pensa al passato né al futuro. Probabilmente pensa solo alla palla, palla, palla, palla, palla.

METTI DA PARTE IL TELEFONO
(a meno che non sia un giochino)

Oggigiorno, non c'è niente che rovini l'atmosfera più di un telefono. Domandati: *Controllare i social mi rende più felice? O mi distrae dalle cose belle che sto facendo?* A meno che non sia coperto di burro d'arachidi o che squilli come un campanello, un telefono è ben poco utile per un cane. Se lo tiri fuori dalla tasca, il tuo cane penserà: Mannaggia! Perché non è qualcosa di meglio? Un premietto di carne. Un bel giochino da masticare, magari con un sonaglio.

Perciò, vedi di trascorrere un po' di tempo lontano dal telefono e più tempo nel presente (ovvero, giocando a tirare la palla a un cane!).

FERMATI *(O: RESTA!)*

Per essere presenti bisogna anche imparare a stare fermi. I cani hanno un talento naturale in tal senso! Guardane uno in un caldo giorno d'estate, quando la luce si posa delicatamente sull'erba e il mondo è avvolto da una squisita lentezza. Forse ha gli occhi chiusi. Forse il vento gli sposta di poco le orecchie. Si crogiola in questa immobilità, semplicemente *vive*.

Appena hai un attimo libero, chiudi gli occhi e fa' finta di essere un cane in una calda giornata estiva. Puoi scegliere la razza che vuoi! Un Golden Retriever. Un Jack Russel Terrier. Un Bulldog. L'importante è abbracciare la calma, l'immobilità, e concedersi di riposare comodamente.

Noterai che a volte qualche altro pensiero si intrometterà.

Such as, ***SCOIATTOLO!***

Uno scoiattolo attraversa sfrecciando la tua mente. Magari più di uno. Magari un esercito intero. Ma il punto è che non devi per forza inseguirli. Non devi rincorrerli fin dentro ai cespugli, spezzando i rami per raggiungerli. Pensa solo: *Sì, quello è uno scoiattolo*, e lascialo scappare via.

Le piccole gioie CONTANO

Quando vivi nel presente come un cane, inizi a renderti conto della gioia che c'è nelle piccole cose. Ci insegnano spesso a credere che contino solo le gioie più grandi: per esempio, la nascita di un fratello o una sorella, o la vittoria di un campionato di calcio.

Ma le piccole gioie sono **altrettanto importanti.**

In fondo, succedono ogni giorno, tutt'intorno a noi, e messe insieme possono portare tantissima felicità.

Ecco. Te lo mostreranno l'elefante e il maialino vietnamita.

Per un elefante, una **GRANDE GIOIA** può essere ritrovare un parente dopo una lunga separazione. È fantastico rivederti! Di corsa, lanciando una serie di barriti, con le orecchie che sventolano e la proboscide in aria, va a salutare il parente perduto a suon di fanfara. Il fatto è che questi incontri non accadono tutti i giorni! Invece, le **PICCOLE GIOIE** sì. Come una bella pozza di fango in cui scivolare e ricoprirsi di frescura. O la deliziosa morbidezza di un fico...

GLI ELEFANTI VANNO MATTI PER FRUTTA E VERDURA!

E poi, ci sono i giochetti tra amici, con la coda che sferza come quella dei cani.

Se sei un maialino vietnamita, una **GRANDE GIOIA** prende la forma di un porcile nuovo. Uno spazio stupendo! Ampio e pulito, con uno spesso strato di paglia, tante mangiatoie e, ovviamente, compagni di giochi. Ma ogni giorno può riservare **PICCOLE GIOIE**. A certi maiali piace farsi grattare la pancia buttati su un fianco con le zampe per aria. E poi, amano giocare, accoccolarsi, nuotare, e dormire muso contro muso, con gli zoccoli che fremono per i sogni.

Perciò, goditi le grandi cose, quei momenti che ti fanno scodinzolare, barrire dalla gioia. Ma ricordati anche gli attimi quotidiani, normali, che ti riempiono il cuore. Possono essere situazioni qualunque! Quando magari prepari una tazza di cioccolata calda e pensi: *Wow, è veramente buona!* Oppure quando ti avvolgi in una morbida coperta, ascoltando la pioggia che cade, nella comodità più totale. Anche loro, le piccole cose che ci rallegrano le giornate, contano.

PIÙ LE NOTIAMO, PIÙ FELICI DIVENTEREMO.

Prenditi cura di te **GIOCANDO!**

Continuare a nuotare richiede energia. Dimostrare coraggio costa fatica. In effetti, per mettere in pratica gli argomenti di cui abbiamo discusso in questo libro bisogna lavorare parecchio! Ed è importantissimo compensare con la giusta dose di cura di sé. Tutti abbiamo bisogno di tempo e di spazio per riposare, per ricaricarci. Se hai appena finito una settimana pesante a scuola, per esempio, devi riprenderti. A volte è sufficiente una corsetta al parco sotto il sole; oppure un lungo bagno con tanta schiuma. Basta trattarsi con amore, cura e attenzione.

Anche agli animali fa bene riposare e rilassarsi.

Guarda un canguro comodamente sdraiato per terra o un ippopotamo che rilassa la pancia al suolo. Pensa alle tigri, che passano quasi sedici ore al giorno a dormire, rigenerando il corpo e la mente a suon di feline ronfate. E poi c'è la pulizia! Certo, ha una funzione evolutiva (le lontre, per esempio, si puliscono la pelliccia per galleggiare, e i corvi si lustrano le penne per essere sempre pronti a volare), ma può anche essere una forma di relax. I gatti domestici si leccano la pancia per calmarsi.

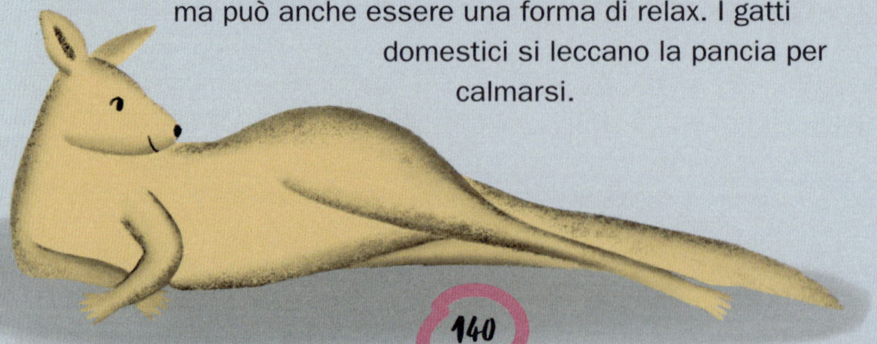

Secondo uno studio britannico, le bertucce si spingono perfino oltre, perché bastava che assistessero alla toelettatura di un'amica per sentirsi d'un tratto placide e tranquille. *Com'è tranquilla Matilda mentre le puliscono la schiena! Ora sono tranquilla anch'io*.

E poi, c'è il gioco.

Per prendersi cura di sé è importante ritagliarsi del tempo per **DIVERTIRSI E BASTA**. Ti prometto che ti renderà più felice! Quando giochiamo, diamo sfogo alla creatività, abbassiamo lo stress e ci gratifichiamo. Dai, prendi ispirazione da come giocano gli animali di questo libro.

KOKO E I SUOI GATTINI

Koko la gorilla sapeva esprimere a gesti parole di ogni genere, come 'caldo', 'morbido' e 'gatto'. Desiderava *tanto* un gatto per amico e la versione di peluche non era affatto abbastanza. Il giorno del suo compleanno, i guardiani di Koko le hanno fatto una sorpresa: una cucciolata di gattini! Lei era al settimo cielo! Oh, come hanno giocato! Ovviamente, Koko era molto più grossa dei micetti, e allora se ne è messa con attenzione uno in testa. E ha lasciato che un altro le grattasse la schiena. Alla fine, ha potuto tenerne due: così, avrebbero potuto giocare insieme quando volevano, non solo per il suo compleanno.

NEVE E SCIVOLATE!

A febbraio 2019, quando a Washington DC è arrivato il freddo, due panda giganti di nome Mei Xiang e Bei Bei, a turno hanno iniziato a rotolare giù dai pendii innevati dello Smithsonian's National Zoo. *Sì! Yeee! Uiii!* Tra una capriola e l'altra, gli orsi bianchi e neri con la pelliccia velata di neve si sedevano per gustarsi un sostanzioso spuntino di bambù. Poi si rialzavano e tornavano a rotolare.

A quanto pare, ai panda piacciono le scivolate, che siano giù per un pendio vero o artificiale. Anche Jia Yueyue e Jia Panpan, che hanno come casa il Toronto Zoo, scendevano a turno da uno scivolo giallo sole. *A te sembra divertente? Per me è uno spasso!* Uno per uno, sono ruzzolati a terra... e in men che non si dica hanno iniziato a fare la lotta, portando il gioco a un altro livello.

ZUFFE TRA SURICATI

Gli scienziati hanno ritenuto a lungo che attraverso il 'gioco' la natura dicesse: *Preparatevi! Presto dovrete combattere!* I predatori affinavano sui fratellini l'uso degli artigli. Ma si è scoperto che giocare alla lotta non rende gli animali più abili nella caccia! Per esempio, i suricati si tirano pugni e graffi e colpi e calci... per divertimento! Quelle turbolente baruffe non si traducono mai in un miglioramento nella caccia. I suricati giocano perché vogliono giocare: perché li rigenera e smuove qualcosa in loro.

Allora, come ti prenderai cura di te oggi? Sì, oggi! In che modo ti piace giocare? Vuoi prendere un libro emozionante in biblioteca e passare il pomeriggio raggomitolandoti sul divano, perdendoti in un mondo fantastico? Vuoi farti una nuotata fuori o sederti per conto tuo qualche minuto, concentrandoti solo sul tuo respiro? Che ne dici di fare qualcosa di buono per un amico, tipo preparare dei biscotti? (Ma certo, essere gentili è sicuramente una forma di cura di sé!) Come minimo, bevi tanta acqua (come una mucca, un gatto o un elefante), se hai sonno buttati sulla paglia (come fanno gli animali da stalla) e se sei sotto stress rilassa la mandibola. In natura, le bestie stanno attente ai bisogni del corpo... e anche del cuore, che vuole divertirsi. Una regola d'oro!

Passa del tempo nella NATURA

Ora, mettiamo insieme i concetti del capitolo! Uno dei modi migliori per scovare la gioia, per trovare la felicità nelle piccole cose, vivere nel presente e prendersi cura di sé, è passare del tempo nella natura. Non per niente, un dottore dell'antica Grecia di nome Ippocrate (da non confondere con l'ippopotamo) diceva che 'il miglior medico è la natura'.

CI GUARISCE! CI RILASSA!
CI RICORDA CHE FACCIAMO TUTTI PARTE DI QUALCOSA DI
MAGICO E STRAORDINARIO.

Chiaramente, una capra nana vuole intromettersi!

È che ci sono dei cespugli di rose laggiù, e vorrebbe esaminarli. Attraversa il campo, con un rumore sordo di zoccoli sul terreno asciutto, addenta delicatamente un fascio di fiori, masticandoli con i molari. *Un po' spinosi, ma niente male! Niente male, davvero!* Bene, e adesso? Esplora il pascolo, beandosi di colori, rumori e odori. Le capre nane sono artiste della fuga: riescono a strizzare i corpicini sotto gli steccati e attraverso le più piccole fessure dei recinti. Forse vogliono solo esplorare la natura, vedere altri pascoli, altre foreste, altri roseti.

E poi, ho già parlato del sole?

La pioggia è una *vera* delusione per le capre nane (odiano la sensazione del manto fradicio), ma il sole le rigenera. Quando una capra assapora quei raggi, si vede. Tiene le orecchie drizzate in avanti per la soddisfazione!

Ogni volta che ti senti un po' giù,
e hai bisogno di una **dose extra di felicità**,
cerca l'emozione che fa drizzare le orecchie.

Prova a passare del tempo nella natura, a mo' di capra. Nella tua zona c'è una riserva naturale con tanti sentieri? Se sì, una capra ti spronerebbe ad andarci (e anche a mangiare i cespugli di rose... ma è meglio non seguire quest'ultimo consiglio!). Fa' caso ai nuovi profumi, ai nuovi paesaggi. Esplora la meraviglia che ti circonda, e intanto goditi il sole sulla pelliccia (ehm, volevo dire sulla pelle!).

Quando ritagli
del tempo per la
natura, lo riservi
anche per **TE.**

È importante precisare che non è obbligatorio
essere felici tutto il tempo!
Puoi provare tantissime emozioni diverse,
anche nel giro di un solo giorno.
Ma tieni a mente una cosa, giovane umano:
il futuro è luminoso.

Dove
PORTANO LE IMPRONTE

Visto? Non occorre essere il personaggio di una favola per capire gli animali! Puoi ascoltare le creature che trovi nel tuo giardino, nella natura intorno a casa tua.

Loro **PARLANO** *davvero*,
perché il loro modo
i vivere è fonte
D'ISPIRAZIONE.

All'inizio del libro, ti avevo chiesto di seguire le impronte, le tracce delle pinne nella sabbia. Ecco dove ti portano.

DA TE!

Sei un essere umano unico come l'ornitorinco, coraggioso come il riccio, buono come il vombato. Ma anche resiliente come Zippy Chippy, sicuro di sé come Christian, creativo come Congo. Forse, leggendo questo libro, hai sentito l'animale dentro di te – più lo ascolti, più si fa sentire. Nessuno ha più bontà, intelligenza, originalità di te.

Tutto ciò che ti serve

fa già parte di te!

Ora che lo sai, buttati. Ricorda che sei proprio come questi animali meravigliosi, che volano e trottano e *vivono al massimo*.

E ADESSO, VORREI PRESENTARTI L'ULTIMO ANIMALE DEL LIBRO.

Ecco una scimpanzé che, appoggiandosi sulle nocche, entra nella stanza: si fa avanti curiosa, con le dita che sfiorano il suolo. D'un tratto, si ferma. Uno specchio le sbarra la strada. Inizia a muovere la testa, su e giù, su e giù, mentre il pelo della schiena le si rizza dalla paura. *Chi è quest'altra scimpanzé? È pericolosa?* Poi, un lampo di allegra consapevolezza le illumina lo sguardo. *Ma sono io!* Allora balza in piedi, balla, saltella per la stanza.

Anni fa, gli scienziati ritenevano che solo gli umani sapessero riconoscersi allo specchio. Ma non è così! Ora è palese che ci sono altri animali (come i delfini, gli elefanti e gli scimpanzé) in grado di guardare il proprio riflesso e pensare: Wow! Eccomi qui! Rimangono sorpresi... e spesso entusiasti.

PUOI FARLO ANCHE TU. PUOI ENTUSIASMARTI PER TUTTO CIÒ CHE SEI!

Invece di guardarti allo specchio e dire: Insomma, tutto qua, potresti dire: ***Wow! Eccomi qui!*** *Con le mie idee strabilianti, la mia simpatia, il mio coraggio. Ho l'originalità dell'ornitorinco! La curiosità del procione! La generosità del capibara!*

Eccomi, sono io al meglio.

Io, dal canino entusiasmo,
dal coraggio di rana,
dal cuor di leone.

Non avere mai paura di

RUGGIRE!

Nota dell'autrice

L'idea per questo libro mi è venuta in mente come tante altre: mentre passeggiavo col mio cane, Dany. Mi sono resa conto che Dany (che è buono e saggio e generoso) saprebbe dare ottimi consigli. Poi ho pensato: E gli altri animali, tipo i lupi? *E gli elefanti? Cosa ci suggerirebbero? Cos'hanno da insegnarci?*

Così, ho iniziato le ricerche. Questa di solito è la parte che preferisco di ogni progetto, ma stavolta è stata ancora più speciale. Ho passato giornate intere immersa nelle storie su questi animali: articoli da National Geographic e Smithsonian Magazine, studi scientifici, i post più teneri sul blog del San Diego Zoo. Quelle storie mi hanno dato speranza, scopo, conforto in tempi incerti; mi auguro sinceramente che abbiano fatto lo stesso per te.

Ti raccomando di continuare a leggere storie di animali... perché sono incredibili, non è vero? Anzi, durante le ricerche, ho imparato talmente tanti aneddoti che non sono riuscita a farli entrare tutti nel libro. Ecco alcuni dei miei preferiti:

Il dodo, ormai estinto, faceva parte della famiglia dei piccioni!

Un gruppo di lemuri, in inglese, si chiama 'cospirazione'.

- **Guarda nella bocca di un ornitorinco e vedrai che manca qualcosa: i denti. Ma niente paura! L'ornitorinco ha una soluzione. Sassolini! La bestiola è un tipo sveglio: si riempie la bocca di pietre dure e appuntite per sminuzzare le prede.**

- **Un lupo adulto può ingollare dieci chili di carne per cena come se niente fosse.**

- **Le talpe scavano gallerie diverse per accedere a 'sale da pranzo', 'cucine' e 'salotti'.**

- **Il vombato è l'unica creatura sulla Terra a produrre feci cubiche.**

- **Nella lingua delle zebre, sbuffare indica allegria: praticamente, equivale a una risata!**

(La lista completa delle fonti di questi aneddoti e di tutti quelli del libro è disponibile su ***carliesorosiak.com)***

E infine, dato che gli animali ci regalano così tanto (ci fanno compagnia e ci danno uno spaccato del mondo naturale), mi sembra giusto restituire il favore! Se vuoi dare una mano agli animali della tua zona o di paesi esteri, per iniziare puoi rivolgerti a Dogs Trust, alla RSPCA e al World Wide Fund for Nature.

Ti ringrazio per aver ascoltato. Anche gli animali ti dicono grazie.

INDICE DEGLI ANIMALI

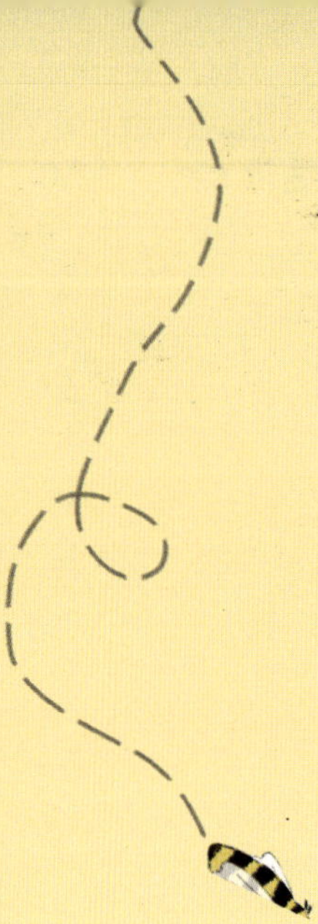